익숙한 두려움

익숙한
두려움

✿ 들어가며

　글에서 지은이의 생각 너머 마음 주변의 풍경까지 보일 때가 있습니다. 가끔은 무언가 힘주어 전달하려다 번잡함이 묻어나 그림이 번지기도 하지요. 그렇게 들켜버릴까 싶어 저는 담백함과 진솔함으로 이야기하려 합니다.

　4대째 기독교 집안에서 자라 장애인 운동과 교육에만 몰두하다 훌쩍 떠난 라오스. 이곳에서도 장애를 가진 이들과의 끈을 놓지 않은 지은이가 한국 사회의 현대 기독교와 교회가 실망스럽다고 하여 그 배경을 모두 배제한 채 이야기를 들려드릴 수는 없습니다.

　그렇다 하더라도 설교식 논조나 눈물 짜내는 간증은 결단코 원치 않습니다. 그저 창조주를 신뢰하고 예수의 삶을 따르려는 한 무명의 그리스도인의 라오스살이, 그 도전과 응전의 시간을 통해 하나님께서 각자에게 선물하신 이 '은혜의 삶'을 더욱 가치 있고 진지하게 직면하시며 나아가시길 기대합니다.

- 코로나19 두려움 속
중국과 북쪽 국경을 맞댄 라오스에서

김 요 드림

❀ 더 들어가며

    단 한 번도 외국생활을 고려해 본 적이 없었습니다. 두부 넣은 청국장을 너무 좋아하고 김치 없이는 목 넘김이 힘든 제가 한국 땅을 떠나야 할 피치 못할 사정이 있었던 것도 아닙니다. 그런데 인생을 살다보면 예기치 못한 변수들이 등장하고, 당시는 그 상황을 이해하지 못해 실망, 좌절, 원망하기도 합니다. 그래서 주변에서 힘들어하는 지인들에게 늘 이렇게 조언했었지요.

    "굳게 닫힌 앞문 때문에 눈물 흘리지 말고, 열린 뒷문을 바라보는 지혜가 있기를 손 모아 기도할게요. 힘내세요."

    그럴듯한 말로 멋지게 포장했지만 정작 제 자신은 당시의 당혹스런 여러 정황들로 아주 번잡한 마음이었습니다. 그러나 한참 지나 돌이켜보니 그 모든 과정은 떠나길 원하시는 주권자의 철저한 '밀어내

심'이었습니다. 그리하여 발을 떼어 떠남에 순종하니 이제껏 단 한 번도 맛보지 못한 풍성함과 정성 가득한 식탁을 차리시고, 인내하시며 기다려주신 '만찬으로의 초대'였습니다. 그로 인해 '한국 교회-희망 없음'[1]에 대한 사견(私見)도 상쇄시킬 만큼 멋진 동역자들과 연대의 기쁨도 맛보게 하셨습니다.

이제 '익숙한 두려움'을 버리고 인생 후반전에 떠났던 저희들의 여행 발자취를 회상하며 그 행복했던 여정으로 여러분을 초대합니다.

---

1) 여전히 희망을 만들어 가려고 몸부림치는 이들이 많다. 희망 없는 곳에서 희망의 꽃을 피워 내는 것이 진정한 복음이다.

CONTENTS

01 / 장

여행 이야기

02장

땅 디딤 이야기

03장

장애인 가정 이야기

CONTENTS

1장

여행 이야기

편안하고 익숙한 것들로부터

떠날 수 있는 용기가 생겼을 때

그게 집이든 감정의 응어리든

외면의 것이든 내면의 것이든

진리를 찾아 여행을 떠났을 때,

길 위에서 만나는 모든 것을

깨달음의 과정으로 여기고

마주치는 모든 이들에게

배우고자 하는 자세를 가질 수 있다면

무엇보다도 인정하기 힘든 자신의 모습을

용서할 준비가 되어있다면

진리는 당신에게 모습을 드러낼 것이다.

- 영화 〈Eat Pray Love〉 중에서

1

배낭여행

여행을 다 마치고 배낭을 정리하다 보니 한 번도 쓰지 않은 물품들이 꽤 있었습니다. 인생 후반기를 어디서 살게 될 지 전혀 알지 못하던 부부에게 무겁기만 했던 각자의 70리터짜리 배낭. 그 배낭의 크기는 여행의 두려움을 반증하고 있었습니다. 이미 어느 나라에서 자리 잡은 지인을 소개시켜 준다는 권유도 정중히 사양한 채 머물고 싶을 만큼 충분히 있다가 목적지를 두지 않고 발길 닿는 대로 떠돌았습니다.

그런데 시간이 흐를수록 겁이 났습니다. 매우 두렵고 떨렸습니다. 몹시도 무서웠습니다. 1년 남짓이라고 막연히 정해 놓은 배낭여행 기간보다 더 빨리 소진될 것 같은 여행 경비의 부담, 이미 모든 이들에게 이별을 예고하며 떠난 우리가 실패하여 돌아왔을 때 받을 지탄에 대한 부담, 실패 후 한국에서 또다시 도전하며 새롭게 나아갈 용기가 나지 않을 것만 같은 막연한 두려움들이 꼬리에 꼬리를 물고 엄습했습니다. 그러다 여행길에 만난 이가 들려준 '한 문장'이 제 삶을 붙잡아 주었습니다.

베트남 후에(Hue)에 도착했을 때는 감기몸살로 지친 상태였습니다. 따뜻한 커피 한잔 생각에 근처 카페로 향했는데, 그곳에서 '가비'라는 시각장애를 가진 20대 후반의 여성을 만났습니다. 한국에서 시각장애 학생들의 보행을 가르쳤고, 새로운 땅을 향해 아내와 여행 중이란 간단한 소개를 하니 그녀가 제게 말문을 열었습니다.

익숙한 두려움

　그녀는 영국에서 태어난 직후 미국으로 건너가 학교를 마치고, 브루나이공화국의 통역일로 베트남에 왔다가 장애인 인권을 위한 일에 매진 중이라고 했습니다. 그리고는 자신의 보행 자세를 교정해달라고 부탁했습니다. 지친 저는 그녀를 밖으로 안내한 후 보행 자세를 바로잡아주었습니다.

　다시 카페로 들어와 커피를 마시려는데 그녀가 이번에는 베트남의 호치민 시내를 보행하는 자신의 유튜브 영상을 보여주었습니다. 온통 오토바이와 자동차 엔진, 경적 소리로 뒤범벅이 된 도로에서 흰 지팡이[2] 하나에 의지해 횡단보도를 건너는 모습은 위태롭기 그지없

---

2) 독립적인 시각장애인의 상징인 '흰지팡이'는 고유명사이기에 '흰 지팡이'가 아니며, 10월 15일을 기념일로 제정했다. 가장 많이 쓰이는 사용법으로는 Two point touch인데, 이때 중요한 것은 배꼽 정도의 높이와 위치에 팔을 고정하고 양쪽 어깨보다 조금 넓게, 좌우로 손목만을 이용해서 정확하게 짚어줘야 한다.

었습니다.

그래서 '가비'에게 물었습니다.
"혼자서 길 건널 때 무섭지 않았니?"
그녀가 웃으며 말했습니다.
"선생님, 저도 무섭고 두려워요. 그런데 '익숙한 두려움'이라는 친구를 떠나보내면 하나님께서 더 좋은 친구를 보내주세요."

이렇게 저는 지친 여행길에서 제대로 된 선생을 만났습니다. 그 순간, 그녀의 대답이 하나님의 음성처럼 들렸습니다. 그분은 가비를 통해 제 마음속 깊숙이 자리한 '익숙한 두려움'을 떠나보내고, 전적으로 신뢰하라는 명령과 위로를 동시에 주셨습니다.

3

Are you Christian?

라오스[3]의 지방도로들 중 처음 경험한 '루앙프라방-씨엥쿠왕'의 7시간 반 남짓 걸리는 도로는 구부러진 산악 지형의 전형이었습니다. 차멀미보다 더 힘들었던 것은 운전기사가 졸음 방지를 위해 크게 튼, 무한 반복되는 라오 전통가요를 들어야만 한다는 것이었습니다. 재미있는 것은 버스가 잠시 정차할 때마다 길가에서 구토를 한 이들 모두가 유일한 외국인인 우리 부부를 제외한 현지인들이었다는 사실입니다.

---

3) 라오스 - 식민 지배를 했던 프랑스인들은 '라오족들이 사는 나라'는 뜻에서 라오(Lao)에 's'를 붙여 라오스 (Laos)로 국호를 정했다. 그러나 프랑스어에서 끝에 붙는 's'는 발음을 하지 않기에 그냥 라오로 불리다가 영어식 발음으로 바뀌며 라오스가 되었다. 중요한 것은 현지인 누구도 '라오스'라고 부르지 않는다는 것이다. 이에 이후 모든 표기를 '라오'로 한다.

비밀전쟁[4] 당시 미군의 폭격으로 황폐화된 라오 땅에서는 여전히 불발탄으로 인해 해마다 수백 명의 장애인들이 양산되고 있었습니다. 그 사실을 직접 눈으로 확인하고자 갔던 라오 중부지역의 '씨엥쿠왕(Xieng Khouang)' 역시 어디서든 장애인을 쉽게 만날 수 있었습니다. 그런데 모두 의료적 지원이 절실한 단순 지체장애인뿐이었습니다.

시각장애를 전공하고 자폐를 동반한 중복장애를 가진 친구들에게 관심이 많았던 저로서는 마음의 감동이 생기지 않았습니다. 거기에다 태국 치앙마이에서 라오로의 첫 입국 시 5시간 출발 지연에도 아무런 설명이 없던 라오항공의 불친절, 전혀 웃음기 없던 투박한 사람들, 북한군 같은 복장을 한 군인을 보았던 루앙프라방 공항의 을씨년스러운 첫 느낌도 정말 별로였기에 저는 일단 어느 곳으로든 떠나고 싶었습니다.

그래도 해발 1,100미터 고원에 자리 잡은 유명한 '항아리 평원(Plain

---

4) 비밀전쟁 - 1964년부터 1973년까지 진행된 인도차이나전쟁 중, 미군은 호치민 트레일(Ho Chi Minh Trail)이 라오 땅을 관통한다는 이유로 B-52전폭기로 58만여 차례, 2억 7천만 개의 집속탄 공습을 실시했다. 이는 인류 역사상 가장 집중적으로 진행된 대규모 비밀작전이다 하지만 미국은 이 공습을 공식적으로 인정한 적이 없기에 '비밀전쟁'이라 부른다. 베트남 전쟁이 끝난 뒤 미군이 투하한 불발탄으로 인해 사망한 라오인은 8천여 명, 부상자는 1만 2천여 명에 이른다. 여전히 당시 터지지 않은 불발탄의 오염 비율이 전국 마을의 25%, 전 농지의 37%를 차지하며, 수많은 이들이 직·간접적으로 고통 받고 있다.

of Jars)'을 사진에 담고 싶어 떠나기 전날 그곳으로 향했습니다. 아내
와 멋진 경치를 감상하던 중 한 가족이 사진을 찍으려 하기에 제가
찍어주겠다며 손동작을 취했습니다. 그리고 잠시 헤어졌던 그 가족
을 내리막 동굴 근처에서 다시 만나 걷는데, 가장인 남편이 갑자기
한국인이냐고 물었습니다. 그렇다고 하니 대뜸 잘 못하는 영어로 또
물었습니다.

"Are you Christian?"

그 순간, 라오가 사회주의 국가라는 사실이 떠올라 몹시 당황했습
니다. 하지만 '무슨 일 생기면 떠나면 그만이지'라는 생각에, 목에 걸
고 있던 십자가 목걸이를 꺼내 보이며 고개를 끄덕였습니다. 그런데
그는 어찌된 일인지 더욱 환한 미소를 지으며 몇 개의 단어들로 신나
서 설명을 했습니다. 그는 수도 '비엔티안'에 살고 있고, '씨엥쿠왕'은
처갓집이라며 이내 선한 인상을 가진 아내의 손을 잡아끌어 소개를
시켰습니다. 그러더니 신앙생활한 지 11년 되었는데 매우 행복하다
며 자기가 다니는 교회에 와보라고 권유까지 했습니다. 그리고는 비
엔티안으로 언제 갈 거냐며 꼭 만나고 싶다는 이야기들을 쏟아냈습
니다. 정신이 멍했습니다.

딱히 다음 행선지가 없었기에 그럴 수 있다손 치더라도 하여간 무엇엔가 홀린 듯 그 주 토요일 저녁 6시에 그와 비엔티안 빠뚜싸이 (Patuxai) 앞에서 만나기로 약속을 하고 말았습니다. 신기한 것은 영어를 잘 못하는 그와 라오어를 모르는 제가 아직 가보지도 않은 약속장소까지 생각해내 정했다는 사실입니다. 더욱 황당한 것은 후에 알았지만 라오인들 대부분이 약속시간 불감증인 사람들임에도 불구하고,

그가
그날 그 시간
그곳에

자신의 트럭을 몰고 우리를 만나러 왔다는 사실입니다.

4

하나님이 더 좋은 친구를 보내주세요,
'익숙한 두려움'이라는 친구를 떠나보내면

다음 날인 주일 아침, 그는 다시 약속장소였던 곳에 한 번 더 나와 자신이 다니는 나사이교회로 우리를 데려갔습니다. 그리고 영어를 가장 잘하는 20대 후반의 한 여성을 소개해주고는 사라졌습니다. 그녀는 대학에서 영어를 전공했고, 한국에서도 2년 동안 유학을 했던 터라 한국어도 가능한 '푸앙'이라는 자매였습니다. 교회 곳곳을 안내해주던 친절한 그녀가 헤어지기 전 한 가지 제안을 했습니다.

"사실, 저희 교회는 1시간 거리의 작은 시골 마을에 있어요. 저는 오늘 나사이교회에 친구를 만나러 왔답니다. 선생님께서 원하신다면 토요일 저희 시골집에 오셔서 주무시고 주일예배 함께 드려요."

그다음 주 토요일, 우리 부부는 시골 마을에서 마약과 이혼 등으로 상처받은 지역 청소년들을 모아 축구교실을 열어 신앙교육을 하는 그 자매의 모습을 보았습니다. 그리고 저녁에는 가족들과 손을 잡고 가정예배를 드리며 시골 교회를 개척한 이가 바로 그녀의 돌아가신 아버지였음도 알게 되었습니다. 뒤이어 주일아침 일찍부터 작은 시골 교회에서 아이들을 헌신적으로 사랑하며 안아주는 모습에 큰 감동을 받았습니다. 그래서 라오에 정착한 후 2년 반 동안 오토바이로 왕복 2시간이 넘는 이 '나삽-남끼얌' 시골 교회를 다녔습니다. 그저 당시에 만났던 아이들의 눈망울이 너무 예뻐서요.

5

라오에서 한 달 살기

브루나이를 제외한 동남아시아국가연합(ASEAN)에 속한 나라들을 차례로 여행하며 라오에서 한 달 살아보기를 결정한 것은 자꾸만 마음을 사로잡는 라오 땅의 묘한 매력에 대한 궁금증 때문이었습니다.

1) **시내 아파트 렌트** - 집주인 가족들과 친밀함이 더해져 함께 1박 2일 여행을 떠났고, 청소해주는 직원들이 사는 현지인들의 집에 수시로 초대되었습니다.

2) **오토바이 렌트** - 스쿠터가 몸에 익어 딱지 떼러 따라오는 라오 경찰을 따돌릴 정도의 실력으로 비엔티안 곳곳의 골목길까지 익히게 됩니다.

3) **라오어 공부** - '푸앙'에게 3일, 다른 3일은 소개받은 '라오-한국

전문대' 한국어과 출신인 '쩜쌩'에게 배우며 매일 만나는 현지
인들을 붙잡고 연습을 했습니다.
4) **장애인 찾기** - 저시력인이 전맹인 다른 시각장애인을 도와주며
걷는 모습을 보고 쫓아가 시각장애인협회를 방문, 그 외 여성장
애인센터와도 관계를 맺어 갑니다.

한 달 살기를 마친 저희는 신중한 판단을 위해 다른 나라로의 여
행을 계속 이어갑니다. 그러면 그럴수록 마치 오래된 고향집처럼 그
리워지는 라오 땅과 라오 사람들. 결국 저희는 라오의 수도 비엔티안
으로 마음을 정했습니다. 그 후 한국생활을 정리하기 위해 아내가 먼
저 한국에 들어갔고, 저는 살아갈 집과 세간 등 기본적인 것을 준비
하고 아내를 기다리며 게스트 하우스 생활을 이어갔습니다.

6

처음 맞은 우기

밝지 않은 가로등, 그마저도 없는 대부분의 라오 도로들은 생채기 난 곳곳에 움푹 파인 웅덩이를 숨기고 있습니다. 퍼붓는 비가 헬멧을 때려 시야는 어둡고, 여기에 불쑥 튀어나오는 개를 피하려다 오토바이가 미끄러졌습니다. 그 충격에 턱의 끈이 풀리면서 헬멧이 날아가고 바닥에 얼굴을 쓸리며 정신을 잃었습니다. 2014년 6월 19일, 첫번째 사고로 실려 간 매호쏟병원 응급실. 한참 후 알았지만 부산에서 2년간 유학하고 가이드를 하던 라오 청년의 도움으로 구급차에 실려 왔다고 합니다. 의식을 잃었다지만 경상도 사투리가 어렴풋이 들렸던 것이 꿈은 아니었나 봅니다.

이어서 7월 27일, 3일 동안 시골 교회 아이들과의 캠프를 마치고 오던 길에 2차 사고를 당했습니다. 저는 103병원에 입원해 머리를 꿰

맺고, 허리와 다리의 상처는 물론, 앞쪽 치아 3개가 부러진 상태였습니다. 그런데 8월 8일부터 13일까지 한국에서 오는 단기 선교팀을 맞이하기로 약속한 상태였기에 바로 고국으로 들어가 치료를 받을 수 없었습니다. 두 번의 사고로 저는 가난한 라오의 의료 현실을 제대로 경험할 수 있었습니다. 조금 호전되긴 했지만, 얼굴의 상처를 안고 한쪽 신발은 신지도 못한 채 다리를 절뚝거리며 공항으로 향했습니다.

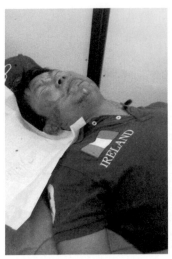 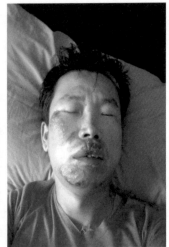

길 가던 시각장애인의 소원

한국팀을 받기로 한 약속의 발단은 이러합니다. 저는 길을 가다 앞을 전혀 보지 못하는 시각장애인을 만났고, 그를 따라가 집을 알아냈습니다. 그리고 라오어를 배우고 있던 '라오-한국전문대' 재학생 '쩜쌩'에게 통역을 부탁해 함께 찾아갔습니다.

4살 때 시력을 완전히 상실한 그의 이름은 '껑'. 부모형제 8명의 울타리를 벗어나 혼자 사는 것이 소원이라고 했습니다. 한적한 친척 땅 한 귀퉁이에서 물은 길어다 먹으면 되고 전기도 필요 없는 간단한 집 형태면 된다기에, '쩜쌩' 친구 다섯 명의 도움으로 설계와 건축을 시작했습니다. 그런데 여행 경비에서 남은 돈으로 시작한 선한 계획이 한도를 초과해 새로운 방법을 생각해야 했습니다.

결국, 연락처를 뒤적이다 분당 우리교회 중등부를 담당하던 김현

웅 목사님이 생각나 연락을 했습니다. '좋은이웃' 시각장애인팀을 잘 알고 '장애 이해 & 체험' 캠프에도 참석했던 터라, 저를 믿고 라오로 단기선교를 오시라고 제안했습니다. 훗날 고백하셔서 알게 된 것이지만 본인의 결혼예배 축가를 선물했던 '좋은이웃'의 고마운 기억을 사랑의 빚으로 마음에 담아두고 계셨다고 하더군요. 저는 시각장애인 '껑'의 사정을 설명하고 마무리 공사비의 송금을 먼저 부탁드렸습니다. 팀이 오는 날 학생들이 직접 페인트를 칠하고 축하 파티를 열자는 제안과 함께. 모든 것을 수락한 그분은 오토바이 사고로 인해 초췌하게 공항에 나타난 저를 보고 놀라시며 눈가가 촉촉해지셨습니다.

이윽고 시작된 일정은 '푸앙'네 시골 교회와 동네 학교에서 벌어진 행복한 축제의 한마당이었습니다. 또한 당시 지방도시 '타켁'에서 만난 '아이(닉 부이치치처럼 사지 없는 장애인)'를 초대해 휠체어를 선물하고, 30명이 함께 떠난 방비엥 여행 등은 절대로 잊을 수 없는 아름다운 추억입니다. 역시 하이라이트는 시각장애를 가진 '껑'의 소원이 이루어지던 그날, 축하 케이크의 촛불을 끄며 더없이 환한 표정으로 웃던 그의 행복한 웃음과 손 벌려 축복송을 불러주던 학생들의 따스한 미소입니다.

저는 라오 땅에 자리도 잡기 전에 믿고 와준 이 팀을 '첫사랑'이라 명명하고, 지금도 가슴속에 늘 간직하고 있습니다. 그 이후 라오로 오시는 손님들을 맞이하기 전 꼭 되새기는 시가 있습니다.

'사람이 온다는 건 실은 어마어마한 일이다.

그는 그의 과거와 현재와

그리고 그의 미래와 함께 오기 때문이다.

한 사람의 일생이 오기 때문이다.

부서지기 쉬운 그래서 부서지기도 했을

마음이 오는 것이다.'

– 정현종 시인의《방문객》중에서

여행이란?

서울에 살면서
라오를 여행하고 싶은 이에게
가장 어려운 것은
라오에 가는 것이 아니라
서울을 떠나는 일입니다.

그 떠남의 용기를 품고 길 위에서 제가 느낀 여행의 정의는
바로 이것입니다.

하나님 앞에서
가족과 이웃 앞에서

특히,

나 자신 앞에서

'더 나은 나'로 고백되어지는 것입니다.

〈벽 속의 섬〉

2장

땅 디딤 이야기

【봄이 온다】

봄이 온다 꽃이 핀다
따듯한 그대가 내게로 와서
속삭인다 사랑한다
내 작은 마음에 작은 봄이 온다
흩뿌리는 벚꽃향 안고 봄이 온다
아무도 찾지 않는 무심한 내 공간에
슬픔의 조각들만 남겨진 채 나를 버려둔다

봄이 온다 꽃이 핀다
따듯한 그대가 내게로 와서
속삭인다 사랑한다
내 작은 마음에 작은 봄이 온다
햇살이 나를 안고 내게 입맞추고
나는 그대 품안에 녹아내리고
나는 그대 향기에 취하네

봄이 온다 꽃이 핀다
따듯한 그대가 내게로 와서
속삭인다 사랑한다
내 작은 마음에 작은 봄이 온다

봄이 온다 꽃이 핀다
속삭인다 사랑한다

- <좋은이웃> 5집 타이틀 곡, 김 요 작사

1

라오인민민주공화국
(Lao People's Democratic Republic)

한반도보다 조금 큰데 천만 명에 훨씬 못 미치는 인구, 공식적인 소수 종족만 50개인 나라, 땅을 안고 살던 대부분의 농부들이 불발탄으로 피폐화된 땅에 눈물 짓던 곳, 악랄한 일본만큼은 아니지만 오랫동안 프랑스 식민 지배를 당한 힘없던 역사, 5개국에 둘러싸여 이리저리 치이던 바다 없는 내륙 국가, 혈맹 사회주의 베트남의 경제 발전을 동경하고 ㈜소련, 중국, 북한과 더 친했던 라오. 그래서 배낭여행 시절에는 항상 북한 출신인지 남한에서 왔는지를 묻던 이들. 하지만 한국 방송사의 여행 프로그램에 소개된 후 한 해에 20만 명씩 다녀가니 이젠 더 이상 묻지를 않습니다.

수도 비엔티안, 국제공항이라 하기엔 너무 아담한 '왓따이공항' 근처로 이사온 지 어언 4년차. 아직도 저희 집부터 북쪽으로 가는 유일

한 도로에는 가로등이 없습니다. 또한 작은 시내를 조금만 벗어나도 여전히 비포장인 길들이 너무 많습니다. 비싼 외제 승용차로도 달릴 만한 곳이 없어 고위층도 불편해 한숨 쉴 터인데, 그 많은 해외 원조들은 대체 어디로 간 건지 알 수가 없습니다. 결국 승차감 없는 픽업 차량을 탈 수밖에 없고, 오토바이에서 내려 샤워할 때면 뽀얗게 앉은 먼지에 놀라곤 합니다.

집안의 배경 없이는 은행원, 경찰, 공무원 등이 되기 힘들며, 뒷돈과 급행료 요구도 극히 자연스러운 풍경입니다. 서류를 다 갖춘 차량에 더 이상 잡을 꼬투리가 없을 땐 맥주값을 달라 하는데, 그런 경찰을 마주하면 가뜩이나 위엄 없어 보이는 경찰복이 더욱 후줄근하게 보입니다. 게다가 요즘은 요구하는 금액이 2배 이상 올라 더욱 가관입니다. 형식적인 권위와 관료주의가 만연하여 관공서 출입 시 전통 치마를 입어야 하고, 알량한 서류의 도장을 얼마나 중요시하는지 모릅니다. 그리고 갑자기 급증한 자동차들을 보면 돈들이 다 어디서 나서 구입하는지 궁금합니다. 자국 은행에 저축할 수 없는 어두운 돈과 금을 보관하는 금고가 집집마다 있다고도 합니다. 하지만 저희가 아는 고위층이라고는 마을 이장뿐이니 다른 세상 이야기 같습니다.

도로 위 차선은 아주 희미하고 있다한들 차들은 상관없이 달립니다. 돈만 주면 발급해주는 면허와 자동차 보유 대중화 초기라 운전 실력과 매너를 크게 기대해선 안 됩니다. 대신 경적 소리를 절대 울리지 않고 한없이 기다려주기에 초보 운전자들에게는 천국입니다. 급한 성격에 화내고 큰소리라도 치는 이들을 미개하게 여기는 터라 저는 여기서 때로는 아주 무식한 사람 취급을 당하기도 합니다.

라오인들은 마시고 노는 일에는 탁월한 재능이 있습니다. 음주가무를 좋아하는 한국인보다 1인당 술 소비량이 더 많으며, 아무리 가난해도 앰프와 스피커는 중고라도 집집마다 다 있답니다. 동네에서 그렇게 크게 음악을 틀거나 떠들어도 불평하지 않고, 어디를 가든 밥 먹고 가라며 손짓을 합니다.

라오 사람들의 정서가 좋아 정착하게 된 건지도 모를 일이지만, 그 놈의 '괜찮다'는 '버빼냥'이란 단어 속에는 '내가 지금 괜찮다고 했으니 너도 나에게 싫은 소리하면 큰일 난다'는 의미도 담겨 있는 듯합니다. 서로 다투어도 화해하고 털어낼 수도 있으련만 한번 관계가 일그러지면 절대 얼굴을 보지 않는 것이 라오 사람들입니다.

이들에게 의외로 놀란 것이 있습니다. 이성간의 교제와 결혼 그리고 매우 흔한 이혼입니다. 남자가 처가에 들어가 사는 모계사회인 라오에서는 사회적 주도권과 책임감도 여성들이 더 강한 편입니다. 여기서도 대부분의 이혼 사유는 배우자의 외도입니다. 서너 번 결혼한 이들도 쉽게 만날 수 있고, 연하남을 데리고 사는 돈 좀 있는 나이든 여자도 꽤 많습니다. 이성간의 만남도 매우 관대하고 개방적인데 외국인인 제가 더 당혹스러울 정도입니다. 나이 불문하고 주초(酒草)에 대해서는 더 우호적이며, 향후 더욱 심각한 사회문제로 대두되겠지만 쉽게 구할 수 있는 마약문제는 상당한 골칫거리입니다.

한편, 라오에 와서 제가 가장 많이 들었던 충고 중 하나는 "김 선생님, 생각을 조금만 하세요. 머리 아파요"입니다. 라오에서는 과도한 스트레스를 받을 일도 많지 않지만, 이들은 생각과 고민을 탐탁지 않아 합니다. 불교를 등에 업은 사회주의 국가의 국민들을 길들이는 방식 때문인지 특히, 모여서 정부를 비판하는 것은 엄두조차 못 냅니다. 일하는 스타일도 생각하며 움직이지 않습니다. 서빙의 경우, 한 번에 나르면 될 것을 두세 번 움직입니다. 자신 있게 말할 수 있는데,

라오에는 정말 센스(sense) 가진 사람을 찾기가 매우 어렵습니다.

음주 운전에 대한 경각심을 가진 이들도 거의 없습니다. 형식적으로는 음주 단속을 하겠다고 공지하지만, 사회 전반적인 분위기는 각자 알아서 조심하면 된다며 말리는 주변인이 한 명도 없습니다. 아내가 한국 손님 때문에 대여한 승합차로 운전하던 중 갑자기 좌회전과 동시에 2차선으로 치고 들어온 차량과 접촉 사고가 났었는데, 경찰이 와서도 라오인 여성 운전자의 진동하는 술 냄새는 개의치 않고 다른 것만 조사했습니다.

또 한 번은 일방통행로에서 만취 운전을 하다 제 차 앞에서 가까스로 멈춰선 운전자에게 내려서 따졌더니 라오항공 기장 신분증을 보여주더군요. 그러면서 이 길은 절대 일방통행일 리가 없다며 끝까지 우겨 경찰을 부른 적도 있었는데 그들은 그 만취 운전자를 조용히, 그리고 매우 친절하게 다독여 보내줬습니다. 사고라도 나면 외국인은 무조건 불리하며, 라오인과 폭력 싸움에 휘말리면 큰일 납니다. 주변의 모든 이들이 단합하여 외국인은 공공의 적으로 몰릴 게 뻔합니다. 이런 자국민 보호정신은 우리나라도 배웠으면 합니다.

그런데 곰곰이 생각해보니 우리나라도 예전에 똑같이 이랬습니다. 부디 경제 성장의 잣대로만 한 나라를 평가하는 오만함은 버리셔야 합니다. 그래서 우리는 더욱 겸손해야 합니다.

2

절벽 앞에 서기

자동차, 집, 적금 등 모두를 정리하고

큰아들은 서울, 둘째 아들은 남원, 막내딸은 전주에

각기 원룸을 하나씩 마련해 주었습니다.

자녀들 직장을 고려한 선택이었습니다.

부부가 각자 하던 일도 다 내려놓고 마무리를 지었습니다.

지갑 안에 주민등록증과 운전면허증 외에

카드 한 장 남겨두지 않았습니다.

40대 후반, 이제 모든 것을 원점에서 다시 시작합니다.

그리고 어느 누구에게도 기대지 않기로 결단했습니다.

라오 정착을 결심하고 돌이켜보니

스스로를 자꾸만 구석으로 몰아세웠던 저를 발견했습니다.

아니 그렇게라도 스스로 절벽에 서지 않는다면
헤쳐 나갈 자신이 없었습니다.

어차피 더 나빠질 것 없는 벼랑 끝 상황,
그 간절함이
이 절박함이 또 다른 감사를 만나는 지름길입니다.

〈추락〉

3

신앙인의 절벽 앞에 서기

- 두려움과 떨림이 내게 이르고 공포가 나를 덮었도다. (시 55:5)

만약 하나님이 당신을 부르셨다면

깊은 바다 한가운데라도 뛰어들어야 합니다.

부르시는데 가지 않는다면

그가 태풍을 보내어 우리의 닻을 끊으실 수도 있습니다.

그러면 우리는 계속해서

의문부호가 달린 질문들을 그분께 쏟아내게 됩니다.

때로는 매우 강력하게 저항하기도 하지만,

끝내 순복할 수밖에 없습니다.

결국 두렵고 계획이 없으니

가장 낮은 자세로 손을 모으게 됩니다.

그러면서 우리는 전적으로 하나님을 의지합니다.

아무도 없는 낯선 외국에서

여러분의 계획과 경험은 단절되고

자신의 정체성은 사라지게 됩니다.

이때 무엇 때문에 부르셨냐며 묻지 마세요.

부르신 이는 창조주이시며

부름 받은 나는 피조물임을 기억하고

정의를 향한 거룩한 삶,

하나님 나라를 지향하는 공동체 섬김에 땀을 흘리십시오.

그 순간,

천지를 창조하신 위대하신 하나님이 자신을 내어 주십니다.

아무런 계획을 주지 않으신 것이 아니라,

함께하시는 그 하나님이 곧 계획이십니다.

그로 인해

하나님이 사랑하시는 자녀라는 자신의 정체성이 살아나면

진정, 진리 안에서 자유를 누리는 참된 행복이 주어집니다.

이것이 절벽 앞에 서야 할 이유이며

바로 우리의 소명입니다.

4

작은 친절은 정말 작을까?
- 나비효과

#

한국 살림을 정리하기 위해 아내를 보내고 저는 게스트 하우스를 잡은 채 매일 살 집을 찾아다녔습니다. 장애인을 만나야 한다는 목표를 우선시하니 외곽 주변으로만 돌게 되더군요. 드디어 찾은 3층 상가식 신축 건물을 계약했는데, 마무리 공사까지는 시간이 필요했습니다. 세간들을 준비하며 입주를 기다리던 어느 잠 못 이루던 밤, 게스트 하우스에 한국인 부부가 찾아와 방을 구하기에 이런저런 이야기를 나누게 되었습니다. 밤이 늦어 환전을 못해 배고파하는 부부에게 늦게까지 연 쌀국수집에서 음식을 대접해 드리고, 다음 날도 작은 도움을 드렸습니다. 알고 보니 안동에서 오신 의사분으로 배낭여행을 좋아하셔서 호텔도 아닌 이곳까지 발길 따라 온 부부였습니다. 훗날 이들은 저의 작은 도움을 기억하고, 지인들을 소개해 많은 장애인 가정들을 도와주셨습니다.

#

세상은 참 넓고도 좁더군요. '인도소풍' 여행사를 경영하는 대학원 동기를 방비엥 거리에서 우연히 만났습니다. 안정된 인도 외에 새로 라오의 배낭여행 코스를 짜러 직접 답사차 왔다기에 제가 현지 가이드를 할 터이니 손님을 보내라고 했습니다. 그렇게 해서 교장선생님들로 구성된 첫 팀을 맞게 되었습니다. 그중 한 분이 여행 후 좋았는지 대학의 산악회 후배를 소개했고, 그분은 이후에 또 다른 산악회 후배를 연결해 주었습니다. 바로 잊지 못할 류중희 님인데요. 매형이 서울대 치대 교수님이라며 나중에 장애인 가정 중 안면장애가 있는 '왕'이라는 친구의 수술을 연결해 주셨습니다.

#

한번은 방콕에서 라오로 기차를 타고 배낭여행 온 젊은 여성 두 명을 보게 되었습니다. 버스터미널에서 뚝뚝이 기사와 실랑이를 하고 있었습니다. 대부분 착한 라오인이지만 예외라고 할 수 있는 뚝뚝이 기사가 제시한 가격에 화가 났습니다. 마침 가지고 있던 여권을 보여주고 아내와 통화를 시켜주며 신분 확인을 마친 후, 저희 집으로 모셨습니다. 같은 한국인이자 배낭여행 선배로서 경험한 바에 따르면, 방콕에서 비엔티안으로 넘어오는 기차여행은 심히 고단합니다. 게다가 뚝뚝이 가격이 사기에 가까운 가격임을 알기에 제가 성의를 건넨다는 것을 충분히 설명해 드렸습니다. 점심 식사 후 얼마나 고단했는지 빗소리와 함께 곤히 잠들었습니다. 잠에서 깬 그녀들은 오후에 장애인 가정에 같이 가서 청소해주고, 하루를 더 머물다 떠났습니다. 그런데 한참 후에 우체국에서 전화가 왔습니다. 한국에서 큰 소포가 왔다는 것이었습니다. 라오에 우편배달부가 없어 직접 가서 받아보니 그녀들이 한아름 보내준 정성 가득한 선물이었습니다.

#

부모의 부재로 돌봄을 제대로 받지 못하는 친구들을 위한 시설인 서울시 '꿈나무 마을'에서 27명이 왔을 때가 기억납니다. 부모님이 안 계셔서 얼룩진 내면의 상처를 간직했던 청소년들이 라오의 시각장애 학생들과 만나 환하게 웃던 아름다운 시간들이었습니다.

그다음 해에는 시골 마을에서 민박을 하면서 학교를 위해 봉사하고, 장애인들만 모아 특별 프로그램을 진행하며 더욱 알찬 시간들로 모두가 행복해했습니다. 마지막날 공항 가는 길은 우기라 빗방울이 창문을 세차게 때렸습니다. 아이들을 위해 마지막 이야기와 총평을 부탁하기에 마이크를 잡고 이렇게 말했습니다.

"지금 안고 있는 큰 아픔은 너희들의 선택과 책임이 절대 아니란다. 그러니 너무 기죽지 말고 고개 들고 어깨 펴고 당당하렴. 그리고 인생을 살다가 너무 외롭거나 좌절감이 들어 한 치 앞도 보이지 않거든 추억 속에 간직했던 라오로 오거라. 나와 함께 장애를 가진 라오 이웃들을 만나며 다시 힘을 내보자. 선생님이 말한 약속은 꼭 지키마. 대학을 가든 안 가든 배낭하나 메고 오면 최선을 다해 보듬어 줄게. 블루라군에서 오토바이 타고 오면서 진흙탕길에 넘어졌을 때, 깨진 무릎의 상처만 쳐다보지 말고 우리를 안아주었던 방비엥의 아름다운 풍광 속 희망을 바라보자던 말 기억하니? 그리고 너희들의 절친 이름, 나는 모르지만 김불평, 이원망, 박자책, 조허무, 남비하 등 익숙한 친구랑 당장 절교하렴. 그러면 김희망, 이긍정, 박비전, 조사랑, 남믿음 등 새롭고 멋진 친구들이 찾아올 거야. 선생님은 이곳 라오에서 작지만 소중한 장애 텃밭을 잘 가꾸어 갈게. 다시 만날 때는 훨씬 더 넓은 가슴으로 안아줄 수 있도록 노력하마. 애들아, 너희들은 자신들이 생각하는 것보다 훨씬 멋지고 사랑스럽단다. 아무쪼록 항상 서로 아끼고 사랑하며 살아가자. 너희들을 만나 내가 너무 행복했기에 더 고맙다. 이 아름다운 만남을 가슴깊이 소중히 간직할게."

그리고 모두 눈을 감게 하고 음치인 제 목소리 대신 스마트폰에 있던 노래 한 곡을 들려주었습니다. '그대여 아무 걱정 하지 말아요. 우리 함께 노래합시다~'로 시작하는 〈걱정 마라요 그대〉라는 곡이었습니다. 어느새 버스 안은 누가 먼저랄 것도 없이 훌쩍이며 모두가 합창을 하고 있었습니다. 이 곡만 들으면 지금도 꿈나무마을 아이들이 떠올라 가슴이 뭉클합니다.

이윽고 공항에 도착하여 아이들을 한 명씩 안아주며 안으로 들여보내는데 인솔하신 분께서 봉투를 주셨습니다. 손사래를 치고 봉투를 내던지며 황급히 돌아서서 뛰어왔습니다. 이후에 이분들은 더 많은 지인들을 소개시켜 주셨고, 저는 라오에서 가장 가슴이 따뜻한 가이드로 자리 잡게 되었습니다.

친절과 섬김의 크기는 전혀 중요치 않습니다.
사랑의 크기도 일절 개의치 마세요.
그저 진실하게 고백하는 사랑의 마음은 누구든 느낄 수 있답니다.
건넨 사랑은 결국 돌아옵니다!

언젠가는.

꼭.

어떤 형태로든.

5

라오에서 처음 배운 말

기억을 더듬어보니 가장 많이 들었던 라오 문장이 있습니다. '돈이 없다'와 관계된 표현으로 '나 돈이 없어', '돈이 없어서요', '결국 돈 때문입니다' 등이 그것입니다. 라오는 동남아시아에서 가장 가난하기에 안타깝지만 맞는 말이기도 합니다. 그러나 모든 것이 돈으로 귀결되는 것 같아 자존심도 없나 싶어 듣기 거북할 때도 많습니다.

또한 '괜찮다'는 표현도 많이 사용합니다. 차가 없던 시기에 건너편 집 남자가 저희 집 앞에 너무 바짝 붙여 주차해 현관문을 제대로 열지 못할 때가 종종 있었습니다. 조금만 뒤로 빼라고 하면 역시나 아무렇지도 않게 '괜찮어'라는 말을 했습니다. 괜찮은지 아닌지의 결정권은 제게 있기에 얼굴을 붉혔더니 오히려 이상한 사람 취급을 했습니다.

그다음으로 이해가 안 된 것이 있었습니다. '미안하다'는 표현을 분명 배웠을 텐데 저는 그 단어가 사전에만 있는 줄 알았습니다. 좀처럼 미안하다고 말하는 라오 사람을 별로 만나지 못했습니다. 자존심이 너무 강해서 그렇다고 하는데 참 모를 일입니다. 누군가와 대화 시 부득이 그 앞을 지날 때는 철저히 몸을 낮추며 예를 표하는 이들이 희한하게도 '미안하다'고 사과를 해야 하는 상황에서는 침묵합니다. 반면, 아무 때나 사용하는 '괜찮아'와 '돈 없어'라는 엄살은 매우 심합니다. 이것도 문화적 차이겠거니 싶지만, 이해하는 데 꽤 오랜 시간이 필요합니다.

함께 일하던 스태프들에게 라오어를 배우며 실생활 언어를 익혀 가던 저희가 장애인을 찾아 나서며 처음으로 외운 문장이 있습니다. "당신 집에 장애인이 있습니까?"입니다. 그러면서 자기소개 내용인 "저는 남한 사람이며 한국에서 22년 동안 시각장애인을 가르친 선생입니다. 지금은 은퇴하고 라오의 장애인을 만나고 싶습니다. 이쪽이 제 아내이며, 자녀는 세 명입니다. 다 성장하여 각자 일하며 부모를 도와줍니다" 등도 익혔지요.

세상에 쉬운 외국어가 어디 있으며, 빠른 습득 비결이 따로 있겠습니까?

그저 무한 리필, 무한 반복 따라할 수밖에 없습니다.

6

라오에서 맞은 아내의 첫 생일

라오에 산 지 42일 차.

2014년 12월 26일, 아내의 생일이었습니다.

집집마다 방문하여 교제를 나누던 장애인 가족들을 초대하고

라오음식 만드는 법을 배워 한 상을 차렸습니다.

오토바이가 없어 초대에 응하지 못하는 가족들도 있어서

그리 많지는 않았습니다.

걸어서 올 수 있는 반경 안의 가족들이 바닥에 둘러앉아

음식을 나누는 모습을 사진에 담는데 눈물이 핑 돌았습니다.

공무원이나 동네 유지, 부자들이 아니라

직업도 없고 가난하며 장애로 힘겨워하는 약자들인데

정녕, 귀하게 보이며 그분이 떠올랐습니다.

쉽게 초대받지 못할
희망도 없고, 몸도 불편하고, 가난하여 천대받던
사회적 약자들을 인정하고 존귀하게 여기시며
특히나, 장애인을 사랑하셨던 예수의 식탁.

그날의 일기, 마지막 문장은 이러했습니다.
"먼지 같은 이 몸이 세상을 지나가며 남긴 흔적이
사랑만이었으면 참 좋겠습니다!"

7

한-라 농인의 만남

부모의 부재와 청각장애로 인해 농아원에서 자라던 고등학생이 있었습니다. 항상 밝은 웃음에 재치가 넘쳤고, 또래와 후배들 사이에서 리더십도 있었습니다. 더 기억에 남는 것은 당시 제가 가르치던 시각장애와 자폐를 가진 중복장애 친구를 사랑으로 품어주며 돕던 모습입니다.

장애인 선교단체에서 계속 만남을 이어가던 그와 한동안 연락이 끊겼다가 '좋은이웃'이라는 시각장애인 찬양단을 데리고 남서울은혜 교회 집회 차 갔을 때 우연히 농아인부 담당목사로 있는 그를 다시 만났습니다. 반가움에 저절로 눈시울이 붉어졌습니다. EBS에서 수어[5] 통역을 하는 사모와의 사이에 딸 윤서를 두었다더군요.

이후 연락을 나누며 가깝게 교제하던 그는 2004년 겨울, 용인에서 만난 한 농인에게 서울로 함께 예배드리러 가자고 권유했다고 합니다. 하지만 용인에도 1,600명의 농인들이 있는데 정작 농인교회는 없다는 말을 듣고 즉각 순종했습니다. 그리고 대형 교회 농아인부 담당자라는 안정된 자리를 내려놓고 개척을 시작했는데, 얼마 후 희귀병으로 사랑하는 딸을 먼저 보냈습니다. 그는 상처가 채 아물기도 전에 같은 나이의 딸을 입양하고, 그 후 한 명을 더 가족으로 보듬었습니다. 비록 나이는 어리지만 믿음으로 살아가는 그의 모습에 저는 '존경하고, 사랑한다'는 말을 남기고 한국을 떠나왔습니다.

그런 동생인 고덕인 목사가 라오로 여행을 왔던 2015년 4월 12일 주일. 저는 당시 다니던 시골 교회로 그를 데리고 갔습니다. 예배 후 수어를 나누는 우리 모습을 보고 한 자매가 반갑게 달려와 수어로 인사를 했습니다. 저는 5개월째 출석하면서도 그녀가 농인임을 전혀 몰랐습니다. 오토바이 장거리 운전으로 피곤한데다 라오어도 모르는데 장시간 드리는 예배에 지쳐 있었고, '푸앙'이 맡고 있던 주일학교

---

5) 22년 전부터 용어에 대한 논의가 있어 왔다. 농문화가 수화에 담겨져 있다는 측면에서 '손 말'인 수화(手話)보다는 ⊏ '손 언어'인 수어(手語)가 체계를 갖춘 언어의 위상에 걸맞은 표기라는 의견이다. 그러나 1928년부터 사용되어 온 '수화'란 용어가 확고한 자리를 잡은 지금, 틀린 표현은 아니지만 수어가 더 바람직하다고 생각한다. 이에 수어로 통일하여 표기한다.

학생들에게 더 많은 관심을 두었기 때문입니다.

이윽고 교회 옆, 그녀의 집으로 자리를 옮겨 미국수어[6]가 이어졌습니다. 돌아가신 '분홈'의 아버지가 지금의 시골 교회 부지를 기증했고, 어머니도 신학교육을 받는 중이라고 했습니다. 또한 농인 청년과 약혼을 했고, 요구르트 공장에서 일하고 있다고 전했습니다.

그는 곧이어 필리핀에서 '농인성경대학'을 운영하는 농인목사님을 소개해 주었습니다. 그리고 그녀를 필리핀으로 보내 공부시켜 보자고 권했습니다. 이후 일사천리로 시작된 이 일은 전혀 막힘이 없었습니다. 돌이켜보면 결혼을 미루고 직장도 그만두었지만 어머니가 반대하지 않았고, 필리핀에서 날아온 강 선교사님과의 면담까지 무사히 통과해 유학을 떠나게 된 일련의 모든 과정이 은혜였습니다. 심지어 1년을 마치고 잠시 쉬러 온 그녀는 한 해 더 공부하고 싶다며 도움을 청한 후 다시 떠났습니다.

감사한 것은 그녀의 항공료와 매달 보내야 하는 생활비를 단 한 번도 걱정하지 않게끔 든든한 후원자이신 김석인 님이 계셨다는 것

---

6) 가장 흔히 듣는 질문은 수어가 세계 공통이냐는 것이다. 각 나라별 음성언어가 다르듯 한국수어(KSL), 미국수어(ASL), 라오수어(LSL) 등 나라마다 수어가 다르다. 심지어 지역 간 방언처럼 수어에도 그 지역에서만 사용되는 사투리가 있다. 그러나 국적이 다른 농인들끼리 만나 반시간만 지나도 일정 정도의 소통이 가능한 것을 보면 시선, 표정, 수어 너머 농인들만의 끈끈한 정서적 유대감이 분명 존재한다고 본다.

입니다. 지금도 한국 농인목사와 라오 농인교인이 만나는 이 사진을
보면 얼굴에 잔잔한 미소가 넘칩니다.

1) 막힘없는 평안의 진행
2) 기쁨 빼곡한 간증의 이어짐
3) 샘솟는 기도의 기대감

이것만 있다면,

그 일은 하나님께서 함께하시니 목숨 걸고 진행하세요.

8

땅 보러 다닌 배짱

처음에 자리 잡은 마을에서 2년을 산 후 계약을 연장하려는데 주인이 월세를 올려 달라고 했습니다. 길가에 있어 시끄럽고 먼지도 많을 뿐만 아니라 신축이지만 부실 공사로 곳곳에서 비가 새는데도 말입니다. 화가 나서 내친김에 나가겠다고 말한 후 골목 안쪽에 자리한 지금의 넓은 단독주택을 그보다 싼 가격에 얻었습니다. 일주일에 몇 번씩 전에 살던 집 앞을 지나는데 저희가 나간 후 세입자가 없습니다. 그러면 집을 수리하고 세를 내리며 노력해야 하거늘 라오에서는 그러려니 합니다.

지금은 마을의 이장[7]을 찾아가 선물과 봉투를 건네며 얻은 이 집에 만족합니다만, 그때는 월세를 셈하여 1년씩 계약하는 4천 달러의 집세가 너무 아깝다는 생각이 들었습니다. 그래서 두 달 정도 땅을 보러 다녔습니다. 그러다가 새롭게 대단위 주택단지가 들어서는 1단지 입구에 있는 땅 600평을 32,964,000원에 계약했습니다. 어머니와 장모님 그리고 젊은 시절, 베데스다장애인선교회에서 농인사역을 했던 전미자 선생님께서 도움을 주셨습니다.

건축을 생각하는 요즘엔 더 큰 욕심을 부렸어야 했다는 후회가 듭니다. 하지만 가진 게 아무것도 없던 당시에는 기적과 같은 일이었습니다. 그날 일기에는 "우리로서는 최선의 노력이었고, 이에 어떠한 후회도 하지 않으리. 배낭 하나 메고 온 터에 무엇을 원망하고 후회하리요. 그저 감사, 감사, 또 감사하자!"라고 적어 놓았더군요.

가난하고 땅도 넓은 라오에서 땅값이라고 해봤자 얼마나 하겠냐고 생각한다면 큰 착각이자 오산입니다. 중국의 세계화 정책인 일대일로 프로젝트[8]는 교통 요지인 내륙국가 라오를 거쳐야 태국, 캄보

---

7) 한국의 이장보다 훨씬 막강한 권한을 가진 '나이반'(Nai Ban)은 이사, 결혼, 취직은 물론 오토바이를 살 때도 그의 도장이 찍힌 신원증명서가 필요하다. 정부에서 소액의 활동비가 나오지만 수입의 대부분은 도장값이다. 라오는 허술해보여도 나이반을 통해 전국적인 직접 통제도 가능한 체제이다. 집집마다 속속들이 다 아는 그와의 친분 쌓기가 라오에서 적응하는 첫 단추이기도 하다. 마을별로 권력의 견제를 위해 보통 3명의 나이반을 둔다.

8) 일대일로(一帶一路, 중국 주도의 新실크로드 전략구상) 연선국가들은 이미 재정난에 빠진 가운데 코로나19 충격으로 추가자금 지원이 절실하다. 이에 각종 국제기구들을 대상으로 긴급 구제금융을 요청하고 있지만, 무리한 사업 추진에 차이나 머니가 투입된 가운데 국제 사회의 투명 자본을 추가로 받을 수 있느냐가 관건이다.

디아, 베트남으로의 진출이 가능합니다. 이로 인해 중국인들이 올려 놓은 땅값은 상상 그 이상입니다. 2021년 개통을 목표로 중국 쿤밍시 에서 비엔티안까지 고속철도를 놓고 있어서 일본인 다음으로 싫어 하는 중국인을 라오에서 이렇게 많이 보게 될 줄 예전에는 미처 몰랐 습니다.

9

위기는 언제든 다시 온다

라오는 먹을 만한 것도, 가볼 만한 곳도, 누릴 만한 것도 참 변변치 않습니다. 그런데 묘한 매력과 신비한 끌림을 가지고 있습니다. 언젠가 와본 것만 같은 우리나라 60, 70년대의 목가적 풍경과 수줍은 미소를 가진 소박한 사람들, 크고 맑은 눈동자를 가진 아이들, 그런 주인들을 닮아서인지 짖거나 공격하지 않는 개들을 어디서든 만나볼 수 있습니다.

경쟁 사회에서 숨가쁘게 살아가던 이들에게 시간이 멈춘 듯 느린 라오는 인생을 돌아보며 남은 날들의 유의미한 계획을 새로이 생각할 언저리를 줍니다. 그래서 은퇴한 부부들이 사업적 목표를 내려놓고 온다면 추천합니다만, 경제활동에 압박을 받는 이라면 권하지 않습니다. 라오의 매력에 빠져 좋아했던 장점들은 시간이 지나면 고스

란히 떠나고픈 화살로 되돌아와 한동안 침체기를 겪게 될 것입니다.

라오에서는 공산 정권의 나팔수 방송 2개 채널을 제외하고 어디든 태국 방송이 나옵니다. 라오 젊은이들은 태국 방송에서 나오는 노래, 춤, 미용, 쇼핑을 보며 기회만 되면 국경을 넘어 돈벌이를 하겠다는 유혹에 빠져 있습니다. 또한 라오 남부지역에서는 베트남이 자본을 잠식한 것은 물론 동네 미용실, 고물상, 공사 현장의 대부분을 휘어잡고 있습니다.

2009년 라오 정부는 1억 달러 규모의 중국 차관을 갚지 못해 토지를 양도한 적도 있습니다. 정부 부채 65%가 중국 빚이고, 고속전철 사업으로 IMF의 경고를 받기도 했습니다. 중국 부채의 올가미에 걸려 지하자원을 넘기고 신음하지 않을까 심히 걱정입니다.

모든 물자를 수입에 의존하고, 도시 간 도로 사정이 열악하여 물류비가 적잖이 드는 라오는 태국의 문화 식민지, 중국의 경제 식민지, 베트남의 정치·군사 식민지라 해도 과언이 아닙니다. 여기서도 개인의 이익을 위해 매국 행위를 하는 사람 같지 않은 놈들이 잘 먹고, 누리고 살며, 돈 자랑을 해댑니다. 사람 사는 세상 어디나 거기서 거기라지만, 사랑에 빠졌던 라오의 실상들이 눈에 들어오고 콩깍지가 벗겨지면 조금 힘들어지실 겁니다.

개인차가 있기에 그 고비가 오는 연차를 말하는 건 별로 의미가 없습니다. 하지만 감기와 같아 결코 한 번만 오진 않습니다. 그런 날이 오면, 처음 고국을 떠날 때의 마음가짐과 라오에 첫발을 디딜 때의 각오를 되새겨야 합니다. 자본주의 교육을 받은 사람은 결코 사회주의 국가를 완벽히 이해하거나 빠르게 적응할 수 없습니다.

그러니 섣부른 판단이나 투자는 삼가고, 세 번 더 고민하신 후 다시 한 번 더 생각하시기 바랍니다. 가난하여 불편한 라오에서 한국적인 시각으로 만만하게 생각하다가 사업을 접는 분들을 많이 봤습니다. 그 어느 나라에서 만만한 해외생활이 가능하겠으며, 살면서 눈물의 씨를 뿌리지 않고 호락호락 얻은 결과가 어디 있기나 했던가요?

10

라오 기독교 역사에 남을
가스펠 뮤직 페스티발

라오는 사회주의 국가 중 종교, 즉 소승불교와 상생하는 전 세계 유일의 국가입니다. 정치는 타종교를 차단해 불교의 기득권을 보장하고, 불교는 숙명적 윤회론으로 불평 없이 잘 길들여지도록 국민을 교육합니다. 서로 아주 예의바르게 공존하지요.

그런 불교국가 라오에서 2015년 1월부터 준비했던 이번 행사는 그 자체를 넘어 매우 큰 의미를 가집니다. 많은 이들이 함께 기도하며 준비한 행사로 3월 19일부터 21일까지 3일 동안 시내 중심에 위치한 문화홀에서 역사적인 연합예배와 찬양집회를 드린다는 사실만으로도 모두가 가슴 벅찼습니다. 그런데 막상 3월에 들어서니 20일 당일 저녁 콘서트로 축소되었고, 장소마저 외곽의 축구연습장이라고 합니다.

이것도 어딘가 싶어 시간을 맞춰 나가려는데 오토바이가 말썽입니다. 시동이 걸리지 않아 애를 태우다가 겨우 도착하니 분위기가 수상합니다. 사람들은 여전히 축구를 하고 있고, 그 어디에서도 야외집회 분위기가 나지 않았습니다. 잠시 숨을 고르는데 지나가던 한 젊은이가 장소가 급히 변경되었다며 나사이교회로 가보랍니다. 달려가 보니 콘서트가 이제 막 시작했는데 교회 앞마당이 어째 어수선합니다.

경과는 이러했습니다. 20일 당일 오후 3시에 경찰들이 급습하여 이미 세팅한 야외무대를 철거하라고 명령했고, 이에 부랴부랴 나사이교회로 변경했다고 합니다. 그리고 더운 날씨와 인파를 고려해 교회 마당에 무대를 다시 세팅했는데, 실내로 들어가라고 지시해 결국 현수막도 밖에 걸지 못했답니다.

교회 내부는 높은 기온과 습도로 인해 앉아만 있어도 땀이 났습니다. 느린 공지와 경찰의 두 차례 철수 명령에도 본당은 발 디딜 틈이 없었고, 야외에 깔아 놓은 의자들도 꽉 채워져 갔습니다. 그러자 먹먹했던 가슴이 어느새 희망으로 다시 벅차올랐습니다.

절망의 끝자락에서 핀 꽃 한 송이가 더더욱 아름다운 법입니다. 땀범벅이 되어 가면서도 아픈 환우를 위해 기도해주는 방이 있고, 마당에서 작은 중계 화면이지만 최선을 다해 찬양하는 사모함이 있기에 라오 기독교의 미래는 밝습니다. 그 희망의 역사 한 페이지, 바로 그 현장에 서 있는 저희 부부는 거의 유일한 한국인이었습니다.

지난 3월 20일, 아쉽게 진행되었던 가스펠 뮤직 페스티발이 8월 6일과 7일 이틀 간 다시 열렸습니다. 군인들의 검색대를 통과하고 들어서니 1층에 약 1천여 석, 2층 약 200여 석이 꽉 차 선 채로 관람하는 사람들도 꽤 많았습니다. 뒤쪽에 겨우 자리를 잡았습니다. '라오 타임'을 감안해 6시 정각에 시작할 리 없다고 예상은 했지만, 7시가 다 되어서야 페스티발은 시작되었습니다.

그러나 누구하나 불평하지 않고 기다려주었습니다. 다채로운 찬양 뒤에 통성 기도와 말씀 등이 무대 위에서 이어졌습니다. 저들이 준비하며 흘렸을 땀과 기도가 눈에 선하여 고맙기 그지없었습니다. 함께 손을 들고 기도할 때에는 '아~ 라오에 누군가 뿌렸을 기적과 믿음의 나무들이 이렇게 자라고 있구나!' 하는 생각에 몸에서 소름이 돋을 정도였습니다.

더욱이 우리는 그 많은 인파 속 바로 옆자리에서 '암판'9)을 만났습니다. 어떻게 이런 일이 있을 수 있을까요? 소름 돋는 일의 연속이 아

---

9) 앞부분의 'Are you Christian?'에서 소개했던 가족의 믿음의 가장

닐 수 없습니다. 그동안 제 스마트폰을 분실해서 만나지 못했던 우리는 서로를 얼싸안고 기뻐했습니다. 그러고 나서 주일에 나사이교회에서 다시 만나기로 약속을 한 후 집회에 집중했습니다. 라오 기독교 역사에 영원히 기억될 감격의 자리에 저희는 여전히 서 있습니다.

3장

장애인 가정 이야기

【사랑하는 토리 선생님께】

많은 사람들이 왔습니다.
그들은 모두 나를 웃게 하려 했습니다.
그들은 나와 게임을 했습니다.
더러는 재미를 위하여 더러는 승부를 위하여.
그러다가 다 가버렸습니다.
상처 입은 게임 속에 나를 내버려둔 채.
무엇이 재미고 무엇이 승리인지 알 수 없는 가운데
홀로 남은 내 귀에는
웃음소리가 메아리쳤지만
그것은 나의 소리는 아니었습니다.
그때 선생님이 왔습니다.
선생님은 아주 엉뚱했습니다.
사람도 아닌 듯했습니다.
그리고 나를 울게 했습니다.
울어도 상관을 안 했습니다.
단지 게임이 끝났다고 말할 뿐
그리고 기다려 주었습니다.

- 토리 헤이든의《한 아이》중에서

1

맨발

아내가 한국 세간들을 모두 정리하고 라오로 복귀한 것은 2014년 11월 14일. 이 날짜는 지금 우리가 살고 있는 집의 인터넷 비밀번호가 되었습니다. 저희는 이장을 찾아가 한국에서 장애인을 가르치던 일을 은퇴하고, 라오 장애인들을 찾아 돕고 싶다고 소개했습니다. 그리고는 마을별로 가가호호 방문하여 장애를 가진 이웃들을 찾아내 교제하기 시작했습니다.

물론 속상한 일도 참 많았습니다. 땅 주인의 매매로 허름한 판잣집에서 쫓겨날 위기에 처한 지체장애인 가정을 위해 방값을 지원하려 했더니 자신들은 무조건 땅을 사서 집을 짓고 싶다고 생떼를 쓰는 경우도 있었습니다. 또한 폭발 사고로 머리와 다리를 심하게 다친 남편과 다리 총상으로 의족을 한 아내, 뎅기열(Dengue Fever) 후유증으로 누워만 있는 아들을 위해 전기 설치비를 두 차례 나누어 지급했더니, 그 돈으로 수납장과 복권을 사서 긁고 있는 모습에 다리가 풀려버린 경우도 있었습니다. 또 다른 곳은 엄마가 지체장애로 직업이 없어 자녀를 학교에 못 보내고 있다기에 두 자녀 교육비는 물론 쌀과 부식비, 다리 수술비까지 지원했는데 나중에야 알게 되었습니다. 미국에 사는 부모가 생활비를 보내주고 있으며, 세 번째 결혼한 남편이 마약 중독자이고, 전에 낳았던 세 아이는 돈을 받고 입양 보내버렸다는 사실을요.

지금이야 말 몇 마디만 나누어도, 아니 눈동자만 봐도 그 진위 여부가 파악이 됩니다. 하지만 이런 종류의 경험들이 있었기에 가능한 일이며, 늘 비싼 수업료가 따르는 일련의 과정이라 생각합니다. 그래도 정말 감사한 일은 배낭여행 시절 처음 만났던 시각장애인 '껑'이 평생의 소원이라 말했던 집을 지어준 것입니다. 그의 집에서 차로 20분 거리에 정착하게 될지도 몰랐고, 새로 땅을 산 건축 부지가 그와 10분 거리가 될 줄은 더더욱 몰랐습니다.

이제 '껑'은 우리가 지원하는 장애인 가정이 되어 더욱 깊은 우정을 만들어가고 있습니다. 그는 전날 하루 종일 작업해 둔 땔감용 나무 - 여의치 않으면 도매로 구입 - 나 때로는 직접 나무를 잘라 화덕에 넣어 구워낸 숯을 수레에 싣습니다. 그리고는 그 무거운 수레를 우리 동네에 있는 시장까지 끌고 나와 판매합니다.

해외 원조를 받아 북서쪽으로 뻗은 왕복 2차선 도로는 라오 내에서 최고 속도로 1시간을 달릴 수 있는 잘 닦인 도로입니다. 하지만 시각장애를 가진 그에게는 과속 차량들로 인해 큰 두려움과 위협이 존재하는 위험한 길입니다. 그는 수레를 끌고 그 도로 가장자리 차선을 따라 자신이 가고 있다는 신호로 호루라기를 불며 4시간여를 걸어 시장에 도착합니다. 그것도 신발을 신으면 발바닥의 감각이 무디어지기에 그냥 맨발로 걸어서 말입니다.

그렇게 왕복 8시간, 땡볕을 그대로 받으며 걸어서 오가는 대가로 손에 쥐는 돈은 우리 돈으로 치면 기껏 5천 원 남짓입니다. 나중에 마을에서 전기선을 끌어와 연결해주고 선풍기도 사주었지만, 그가 이토록 진지하고 열정적으로 사는 사람인 줄 어찌 알았겠습니까? 간혹 아버지 집에서 수레로 물을 길어와 혼자서 밥 짓고 청소하는 모습을 보면 숙연해지기까지 합니다.

한번은 농인들 다섯 명을 데리고 가서 '껑'네 진입로에 무성한 잡초와 집 앞에 제멋대로 자란 엉겅퀴를 제초기로 제거해주고 돌아왔습니다. 그날 동네로 마실 나간 건지 보이지 않아 인사도 못 나누고 왔는데 전화가 왔더군요. 김 선생님이 해놓고 간 거 자기가 다 안다며 웃으면서요.

발레리나 강수진, 영원한 레전드 박지성의 발이 진한 감동을 주며 화제가 된 적이 있습니다. 저는 그분들의 아름다운 발을 직접 본 적은 없지만, 라오 땅에 사는 시각장애인 '껑'의 생채기투성이 발을 보며 언젠가 사진으로 남겨 많은 이들에게 자랑하고 싶었습니다.

하나님께서 우리에게 주신 이 놀라운 삶을 조금도 낭비하지 마십시오.(고후 6:1)

- 유진 피터슨의 《The Message》

'사랑하는 껑,

온종일 걸어 나무를 파는 너의 고단한 발에 난 감사해.

어둠 속에서도 좌절하지 않는 너의 미소가 난 너무 고마워.

곧 우리 삶에 빛이 되어주신 그분을 함께 찬양하리라 믿어.

외로울 땐 소리쳐, 귀 기울여줄게.

힘들 땐 울어, 그 눈물 닦아줄게.

있어야 할 내 삶의 자리가 여기 라오임을 고백하도록

내 손 꼬옥 잡아주는 좋은 이웃 되어주어

껑~ 고마워, 사랑해!'

2

서울에서 김 서방을 찾기도 한다

79년생 '캄라'는 정착 20일 만에 찾은 친구입니다. 공부를 꽤나 잘했던 그는 16살 때 맥주와 라오 전통주인 독주를 섞어 마시고 구토를 하며 쓰러진 후 심각한 뇌손상을 입었습니다. 이후 대인관계는 물론 의사소통마저 단절되어 20년 넘게 쇠사슬에 묶인 채, 집 한쪽의 움막 같은 곳에서 지냈습니다. 부모 두 분 모두 33년생, 55년생의 전직 군인으로 연로하셨고, 5남 2녀 중 둘째인 그는 가족들과도 철저히 고립되어 있었습니다. 싸구려 잎담배를 즐겨 피워서인지 침 뱉는 버릇이 심하고 부모에게까지 공격적 성향을 가진 그는, 쇠사슬을 채우지 않으면 자꾸만 밖으로 도망치려 했습니다.

저희는 주 1, 2회 방문하여 손톱, 발톱 손질은 물론 이발, 면도, 목욕을 시켜주고 음식과 옷, 이부자리까지 챙겨주었습니다. 이후 벽돌로 방을 만들어 독립적인 공간에 머물도록 도와주었습니다. 감사하게도 그는 수시로 뱉는 침을 맞는 거 외에는 저희를 공격하진 않습니다.

그런데 2015년 8월 12일, 그의 엄마에게서 '캄라'가 쇠사슬을 끊고 집을 나갔다는 다급한 전화 한 통을 받았습니다. 그날부터 저희는 사진을 출력하여 탐문 수사를 벌였습니다. 5일째인 주일 오후, 한국어 예배가 그리워 시골 교회 대신 시내의 한인 교회에 갔다가 집으로 오던 길이었습니다. 오토바이 뒤에 타고 있던 아내가 제 등을 때리며 "캄라, 캄라"를 외쳤습니다. 멈춰 보니 정말 그 주에 저희가 목욕시키고 갈아입혔던 옷을 입은 채 길가에 쓰러져 있었습니다. 다급하게 일으켜 세워 생수를 마시게 하고 근처 식당에서 밥을 먹였습니다.

집에서 시내까지 상당한 거리를 맨발로 걸어온 그는 탈진 직전이었습니다. 그 모습에 눈물이 핑 돌았습니다. 차 있는 한국분에게 도움을 청해 동네에 도착했더니 그는 들어가지 않으려고 차문을 잡고 버텼습니다. 달래고 안아주며 겨우 씻기고 쉬게 했습니다. 그새 인터넷보다 빠르게 입소문이 돌았는지 우리 부부가 결국 찾아냈다며 동네 사람들이 모여서 박수를 보내주었습니다. 그 장면은 마치 베트남 축구를 이끈 박항서 감독의 금위환향에 버금갈 정도였습니다. 70만 명 정도 산다는 크지 않은 비엔티안이지만 그래도 나름 한 나라의 수도인데, 이런 기적이 또 어디 있을까요? 그날 캄라에 대해 쓴 제 일기의 일부분을 살짝 공개합니다.

> "네가 뱉는 침을 맞으며 난 참 감사해.
> 살아가며 어디서 그분 때문에 침을 맞는 영광을 누리겠니?
> 이제 마흔이 되는 네게 부탁해.
> 우리가 더 맑은 사랑을 나눌 수 있도록 오래오래 그 자리에서
> 우리를 늘 깨우쳐 주렴."

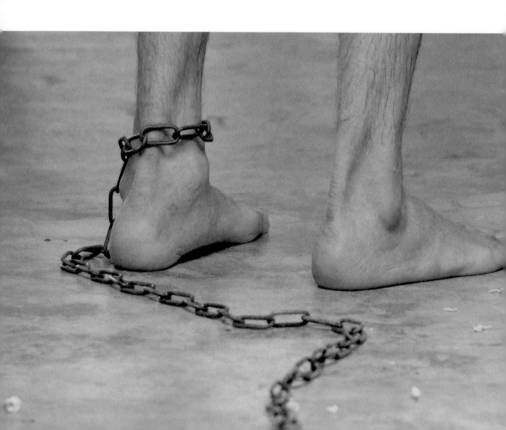

두 번 버려진 '남완'

어느 날 태국 국경을 넘어 찾아온 만삭의 여인이 사정을 했습니다. 갈 곳도 돈도 없는데 출산할 때까지만 도와달라며 눈물을 흘렸습니다. 딱한 사정을 들은 부부는 허락을 했고, 어렵사리 인공호흡기까지 달아야 하는 미숙아로 '남완'이 태어났습니다. 그런데 생모는 몸조리가 채 끝나기도 전에 핏덩이 딸을 두고 도망을 갔습니다.

다행인 것은 오른손과 두 다리를 못 쓰는 남완을 친딸처럼 사랑해 주는 부부와 오빠, 할머니가 곁에 있었다는 사실입니다. 2015년 6월 이 집을 알게 되었지만 거리가 꽤 떨어진 지역으로, 사실 우리가 생각하던 반경을 벗어난 마을이었습니다. 그러나 공장에 다니며 뒷바라지하는 엄마와 운전 일을 하며 늘 사람 좋은 웃음을 짓는 아빠, 친동생처럼 잘 보살펴 주는 꼬맹이 오빠, 태어날 때부터 왼쪽 눈을 잃었지만 묵묵히 사랑을 전하는 할머니를 보고 도저히 외면할 수가 없었습니다. 그래서 일부러 근처에서 장애인 가정 두 곳을 더 찾아내 따로 관리하는 마을로 묶었습니다. 기막힌 사연을 담담히 받아들이며 '남완'이 구김살 없도록 사랑해주는 이 가정을 위해 최선을 다해 돕겠다고 다짐했던 방문을 저는 생생히 기억합니다.

한편, 작년에 '남완'이 오빠가 다니는 학교로 입학을 원해 찾아가 상담을 했습니다. 휠체어를 타고 다닐 만한 길이 아닌 비포장도로도 문제였지만, 수업 내내 함께하며 화장실과 식사를 챙기는 전담 가족이 곁에 있어야 한다는 학교 측의 설명이 이어졌습니다. 결국 한쪽 시력이 없는 연로한 할머니를 대신해 오빠와 엄마가 돕기로 결정했습니다. 그래서 저희는 등교에 필요한 모든 물품을 준비해주었고, 수업료 등을 지원하기로 약속했습니다.

그런데 부부라는 게 참, 헤어지고 나니 그만이더군요. 오빠를 데리고 나간 엄마를 다시는 볼 수 없었고, 먹고살기 바쁜 아빠를 대신해 여전히 할머니만 '남완' 옆에 덩그러니 계십니다. 학교를 가지 못한다는 속상함보다 오빠와 엄마를 다시 만나지 못한다는 서운함 때문에 '남완'의 얼굴에는 슬픔의 그림자가 드리워져 있습니다.

가끔은 저희도 해줄 수 있는 게 많지 않다는 무력감에 빠지기도 합니다. 어떤 가정은 사랑을 건네도 아무 소용없는 건 아닌지 착잡함에 자괴감이 들기도 합니다. 하지만 무언가를 해주려고 택한 동행이 아닌, 함께 웃으며 걷기 위한 동행임을 되새기며 힘을 내봅니다.

4

어처구니없는 동거

2007년부터 당뇨가 있던 60년생 '링'은 2011년, 스무 살 어린 '뚝'
과 두 번째 결혼을 하며 처가살이를 시작했습니다. 지병으로 아내를
먼저 떠나보내고 재활용품을 주우며 살아가는 장인과 함께 살던 그
는, 2013년부터 당뇨합병증으로 오른쪽 다리가 심각하게 썩기 시작
했습니다. 저희가 정착한 집 바로 옆에 살던 그는 가장 수혜를 많이
받은 가정이기도 합니다. 기본적인 생활 지원과 인슐린 약은 물론,
안정적인 자립을 위해 수레를 제작하여 장인이 빙수 장사를 할 수 있
도록 도왔습니다.

걸어서 채 1분도 안 걸리기에 수시로 들러 누워만 있는 그의 말벗
이 되어주고, 당뇨에 좋다는 음식을 건네기도 했지요. '링'은 결혼 당
시 가지고 있던 돈이 바닥나면서 아내는 국수 공장에서, 연로한 장인

은 빙수를 팔아 생활하기에 천덕꾸러기가 되었습니다. 그런데 아내의 노골적인 무시와 무관심이 눈에 띄기 시작했고 외도를 한다는 소문까지 들려왔습니다. 물론 이해가 전혀 안 되는 상황은 아니었습니다. 스스로 할 수 있는 것들이 점점 줄어들며 종일 누워만 지내는 남편이 얼마나 미웠을까요?

그런데 작년 5월부터는 어디선가 어린 남자를 데려다가 같이 지내기 시작했습니다. '링'이 누운 곳 바로 옆에 얇은 천을 치고 아예 한 침대를 쓰면서요. 정말 어이없지만 남의 가정사에 끼어들 수는 없었습니다. 그는 갈수록 몸이 약해져 목욕도 혼자서 할 수 없어 저희 부부와 스태프들이 돌아가며 해주었습니다. 성격 급하고 할 말은 하는 제가 나타나면 눈치를 보며 애써 자리를 피하던 아내는 급기야 인정머리 없이 밥마저 챙겨주지 않았습니다. 그래서 다른 동네로 이사를 갔던 저희는 스태프 '팽'의 퇴근길에 먹거리를 손에 들려 그에게 보냈습니다.

눈에 띄게 기력이 쇠약해져 가던 어느 날, 그의 귓가에 손을 모으고 장례비는 우리 부부가 책임질 테니 마음 편히 가지라고 말해주었습니다. 그리고 마지막 힘을 내던 그가 공교롭게도 바쁘고 지쳤던 여름 사역 후, 저와 스태프들 모두 휴가를 떠났을 때 하늘나라로 떠났습니다. 혹시 몰라 가이드 일을 하던 '쩜쌩'을 불러 장례비를 목돈으로 건네며 '링'을 부탁했는데, 휴가 중에 부고 문자를 받은 것입니다.

한참 지난 후, 사주었던 휠체어를 가지러 갔다가 알았습니다. 죽음을 예감하던 '링'이 우리 부부를 보고 싶어 한다는 전갈마저 깜빡 잊고 전해주지 못했다고 부인이 말하더군요. 솔직한 건지 바보인지 어이가 없었습니다. 그리고 어차피 이제 볼 일이 없는 사이이기에 뒤도 돌아보지 않고 나왔습니다.

우리가 라오에서 자리를 비우기만 하면 들려오는 장애인 가정의 부고 소식이 트라우마가 될 것 같습니다. 첫 번째로 2018년 9월 5일, 손과 발 그리고 항문 기형에 시력마저 잃은 미숙아로 태어난 발달장애 '뻠'의 동생을 여름 휴가 때 떠나보냈습니다. 그리고 2019년 4월 27일, 한국에 건강 검진차 머물던 때 자폐성장애 '캄버'를 보낸 후 이번이 세 번째입니다.

한 치 앞도 모를 인간사, 앞으로도 먼저 보낼 장애이웃들이 많을 수 있다는 생각에 바로 지금, 섬기는 이 손길에 최선을 다해야 한다고 다짐해 봅니다. 나의 하루 삶은 내 하루만큼의 죽음이기도 하기에.

5

야반도주한 장애인 가정이
싸놓은 똥을 치우다

　아이를 바닥에 떨어뜨리는 사고로 뇌병변장애가 생겨 고개도 못 가누게 된 '므어이'네를 찾은 건 2017년 6월이었습니다. 학교도 그만두고 막노동하는 아빠를 따라 일을 다니는 큰오빠와는 달리, 언니 '따몬'은 학교를 가고 싶어 했습니다. 할머니가 계시는 고향 '싸이냐부리'로 보내 초등학교를 졸업시킨 후, 비엔티안에서 중학교를 입학하도록 개인 후원을 연결하여 매달 도와주었습니다. 오빠와 아버지를 위해서는 장애인 가정이나 단기 선교팀들이 돕는 마을 학교의 보수 공사에 넉넉한 일당으로 가장 먼저 일거리를 제공했고, 따로 '므어이'를 위한 우유와 기저귀도 지원했습니다.

　여느 때처럼 그들을 찾아간 2019년 10월 16일. 방문이 자물쇠로 굳게 잠겨 있어서 바로 옆 월세방에 사는 또 다른 뇌성마비 가정의 엄마에게 물었습니다. 자고 일어나 보니 빌린 돈도 갚지 않고 고향으로 야반도주했다며 쓸쓸해하는 '쏨마이' 엄마는 동네 가게의 외상값은 물론 방세와 전기, 수도세도 내지 않았다고 목소리를 높였습니다. 안 되겠다 싶어 우리가 빌린 돈을 대신 주겠다고 하니 그건 정중히 사양했습니다. 그리고 집주인을 찾아가 대신 사과하며 월세를 주었더니 별일 다 있다며 연신 감사 인사를 합니다. 그저 우리가 갚아야겠다는 마음이 들었을 뿐인데 말입니다.

'연락도 없이 야반도주한 딱한 사정이 있겠지!'
'건네준 사랑을 셈하지 말자.'
'사랑은 전혀 보상할 능력이 없는 이들에게 건네는 아버지의 마음이니까.'

그러면서도 억장이 무너집니다. 다짐을 하면서도 몹시도 밉고 화가 나는 게 사실입니다. 딱히 할 말이 더는 없어 다음 방문지인 자폐인 '캄라'네서 이발과 목욕을 시키는데, 오늘따라 왜 이리 순한 양인지 알다가도 모를 일입니다. 속으로 생각했습니다.
'이 녀석이 오늘 심란한 내 맘을 안단 말인가!'

6

버거운 장애의 짐을 내려놓다

　동네에서 방 한 칸을 손님용으로 두고 작은 마사지 가게를 운영하는 집이 있습니다. 이 가정에는 시각장애를 가진 사람만 4명입니다. 그나마 정신이 온전한 둘째와 셋째 딸이 안마를 해서 시각과 청각장애가 있는 넷째 동생 '완펭', 시각장애인이자 마약 중독으로 누워만 있는 일곱째 동생 '덤'과 연로한 아버지를 먹여 살립니다.

　오늘의 주인공은 이 집에 함께 기거하는 1963년생 다운증후군 이모 '언'의 이야기입니다. 전맹(全盲)인 조카 둘이서 나름 '언'의 배설물까지 청소하며 깨끗하게 유지한다지만 그 한계가 분명하고, 작은 동네 가게이기에 단골외엔 손님이 많지 않습니다. 그래서 처음 방문했던 2017년부터 쌀과 부식, 손님용 에어컨으로 인한 전기세는 물론이고, 셋째 딸 '캄방'이 태국 시각장애인과 이혼 후 키우고 있는 아들

'낟타싸이'를 위한 장학금까지 선한 한국분들과 연결시켜 도와주었습니다. 매달 정기적인 결연 후원자 세 분과 맺어져 있기에 그나마 최소 생활은 가능했습니다.

그런데 이모가 1월 중순부터 팔에 생긴 종기가 악화되며 몸 상태가 나빠졌습니다. 병원을 오가기가 어려워 가까이 사는 의사가 왕진해 치료받을 수 있도록 의료비와 기저귀, 죽을 사주고, 저희가 섬기는 장애인 가정 중 가장 일을 잘하는 장애아동 엄마가 일당을 받고 돌보도록 방안을 마련했습니다. 그리고 내친김에 무너져 가는 천장 보수 공사를 건기인 2020년 2월 12일 전문가에게 의뢰하고 함께 둘러보며 점검하던 날, 그날 아침에 담은 사진입니다. 꼭 12시간 후 돌아가시리라는 상상은 전혀 하지 못한 채.

저희는 왕복 3시간 거리의 농인가정 심방을 위해 떠났다가 돌아오는 길에 위급 상황을 전해들었습니다. 다시 찾아가 가녀린 숨을 몰아쉬는 그녀의 손을 잡아주었습니다. 결국 2월 13일 새벽 3시, 이생의 '장애'라는 무거운 짐을 내려놓고 그녀는 떠났습니다. 찾아오는 문상객도 없는 을씨년스러운 상갓집 첫날 오후, 관 앞에서 기도했습니다.

'라오 땅에서 장애를 가졌기에 들어보지도 못하고, 이해하지도 못한 복음, 예수님에 대한 확신적 고백이 없었다고 하늘 문 닫으실 분이십니까? 아니시지요? 당신의 손에 올려드립니다! 긍휼히 여겨주소서.'

봉투를 전하며 울먹이는 시각장애를 가진 조카 '캄팡'과 '캄방'에게 말했습니다.

"시각장애가 있음에도 이모를 정성과 사랑으로 섬긴 것을 우리가 알고 하나님이 아신다. 그분이 그것을 매우 기뻐하신다. 이제 고생한 그녀를 천국에 보내드리자. 슬프지만 너무 슬퍼하지는 말자."

그리고 저는 이모를 정성으로 섬겨준 것에, 그녀들은 우리가 늘 돕고 함께해준 것에 고맙다며 서로의 손을 꼬옥 붙잡았습니다. 그런데 오려던 길에 생각해보니 영정사진이 없는 것입니다. 사진 한 장 남기지 못하고 떠난 그녀의 삶이 안쓰러워, 다음날 찾아낸 사진을 만지고 다듬어 출력해 액자를 만들어 전했습니다. 관 앞에 놓아두니 그래도 마음의 짐을 조금은 덜어낸 것만 같습니다.

7

굽은 소나무가 선산을 지킨다

가족들은 뎅기열로 인한 지적장애라고 생각하지만, 원래 지적장애 1급인데 뎅기열도 앓은 적인 있던 86년생 '쫌'. 저는 그녀를 2014년 12월, 동네 시장에서 만났습니다. 6세 수준의 인지 능력으로 언어 소통이 불가능하지만, 시장에서 산 물건을 봉지에 들고 가는 손님들을 포착해 오토바이까지 들어다 주며 수고비로 잔돈을 요구하는 돈벌이 능력은 아주 탁월했습니다. 그러나 큰돈은 절대 사양하는 양심적인 처자입니다.

온 동네 사람들이 다 아는 '쫌'이 한때 외국인과 사랑에 빠졌다는 흉흉한 소문(?)이 돈 적이 있었습니다. 저만 보면 부끄러워하며 이성으로 인식하는 반응들이 사람들 눈에는 재미있었나 봅니다. 그녀는 우리집 현관문이 열리기 1시간 전부터 앞에서 오매불망 기다리더니,

얼마 후부터는 두드리며 열어달라고 적극적인 행동을 취했습니다. 두리안을 제외한 과일과 펩시콜라를 가장 좋아하고, '카오뿐', '카오 삐약', '땀막홍' 등의 라오음식을 좋아하던 그녀는 저희와 오랜 동안 음식을 먹더니 한국 라면과 김치를 최고로 좋아하게 되었습니다.

그런 그녀가 시장 일도 게을리하며 매일 우리집으로 출퇴근합니다. 늘 맨발인 그녀에게 처음 가르친 것이 발 씻기인데, 수세미로 밀어도 좀체 깨끗해지지 않더군요. 혼자서 샤워할 수 있도록 가르치며 지켜보던 아내가 마무리를 돕고 나면 그녀는 늘 눕는 소파 그 자리에 만세자세로 눕습니다. 그리고 자고 싶은 만큼 자고, 하고 싶은 대로 하다가 가고 싶을 때 갑니다. 가끔 우리 부부는 건물 관리인이고, 진짜 주인은 자유로운 영혼의 소유자인 '쫌'이란 생각을 지울 수가 없습니다.

정말 힘든 것은 화장실 변기 위에서 일을 보지 않고 바닥 곳곳에 나누어 볼일을 보는 겁니다. 사진을 찍어 흔적을 보여주니 자기도 겸연쩍은지 배시시 웃기만 하는 '쫌'. 그녀는 마늘 까기, 파 다듬기, 당근 씻기 등을 시켜도 딱 1분만 집중합니다. 하지만 시장을 오가는 이들에게 받은 1천 낍[10]짜리 지폐에는 강한 집착을 보입니다. 손 씻을

---

10) '낍(Kip)'은 라오의 화폐 단위로 1천 낍은 약 130원 정도이다. 가장 작은 단위인 500낍이 있지만 근래 잘 사용되지 않으며 동전은 없다.

때나 식사할 때나 한순간도 지폐를 놓지 않습니다. 혹여 뺏으려는 듯 장난을 치면 괴성을 지르며 울부짖습니다.

저는 그런 '쫌'의 모습에서 제 자신을 발견했습니다. 몇 푼 되지도 않는 그 돈을 놓지 않으려고 발버둥치는 머저리 같은 저의 모습을요. 그녀는 제게 '내려놓음'을 가르쳐 준 스승입니다.

그런 그녀로 인해 제가 가장 난처할 때가 있습니다. 갑갑하다며 속옷을 입지 않는 '쫌'은 매달 여성으로서 그날이 오면 바지에 그대로 드러내거나 바닥에 티를 냅니다. 물론 그녀는 전혀 개의치 않기에 주변인들만 힘들지요. 아내가 수없이 생리대 사용법을 가르쳤는데도 안 되더군요. 2년 동안 매일 만나다가 이사를 한 후 4년째 사는 현재의 집에는, 멀미를 너무 심하게 하여 몇 번밖에 오지 못했습니다. 대신 우리가 '쫌'네 집을 방문하는데 무척 야위었기에 동네 식당에 부탁해 원하는 것은 무엇이든 먼저 먹게 하고, 돈은 저희가 주별로 모아 셈을 치릅니다.

'쫌'의 아버지는 일찍 돌아가셨고, 80세인 엄마는 거동이 불편하여 종일 누워만 지냅니다. 넷째 아들이 경제적인 지원을 하고 첫째 딸이 수발을 들지만, 9남매 중 7번째 딸인 '쫌'은 엄마 곁에서 좀처럼 떠나지를 않습니다. 나중에야 알았습니다. 잔돈을 그렇게 소중하게 꼭 쥐고 있었던 이유를요. 누워 있는 엄마 곁으로 가더니 손에 돈을 쥐어주던 그녀를 보고서야 말입니다.

8

버거의 킹

2015년 1월 2일 첫 방문한 2005년생 '하'는 7남 1녀 중 다섯째로 뇌성마비입니다. 장애 1급임에도 활달한 성격에 귀엽고 장난도 심한 녀석입니다. 두 무릎으로 맨땅과 집안의 거친 시멘트 바닥을 쓸고 다니는 게 안타까워 바닥에 타일 공사를 지원해 준 것은 '하'의 낙타 무릎을 보고 난 후였습니다. 언어 소통이 잘 안 되지만 자기가 원하는 바를 곧잘 몸으로 표현하는 그는, 특히 과자나 음료수를 사러 동네 가게에 같이 가자며 투정을 부리곤 합니다. 그동안 부모와 떨어져 한국팀과 방비엥 여행도 두 차례 다녀왔고, 남릉 댐 소풍과 시내 구경도 세 번 했답니다. 물론 밤에 울어서 달래는 데 애를 먹었지만요.

집을 벗어나 저희와 새로운 경험을 하며 쌓인 정이 많은 '하'가 오늘의 주인공은 아닙니다. '하'네 집은 장남과 차남이 태국에서 일하

고, 2000년생인 셋째 형 '왕'이 집에서 맏형 노릇을 하고 있습니다. '왕'은 8살 때 했던 구순구개열 수술이 잘못되어 치아 2개가 코 속을 뚫고 나와 심각한 안면장애를 갖게 되었습니다.

처음 그를 만나자마자 한국으로 데려가 수술을 해주고픈 마음에 속으로 기도했습니다. 청소년기인 그는 남들과 다른 자신의 얼굴 때문에 마음의 문을 굳게 걸어 잠근 지 오래였습니다. 묻는 말에 답도 안 하고 부엌으로 향하는 그를 따라가 저는 아무 말없이 안아주었습니다. 처음엔 밀치더니 이내 안기는 모습이 더욱 안쓰러웠던 첫 만남이었습니다.

이후 저희 집으로 동생 '하'와 함께 데려와 기타도 가르쳐 주고, 게임도 같이 했습니다. 그러자 서서히 마음의 문이 열렸습니다. 1월 12일에는 함께 병원에 가서 엑스레이(X-ray)를 찍었습니다. 병원 측에 분명 코 부분과 입을 벌린 상태까지 찍어 달라고 했건만, 다음 날 받은 것은 그의 멀쩡한 가슴 사진이었습니다. 너무 기가 막혀 헛웃음만 나오더군요. 그날 일기를 보니 절대 먼저 말하거나 웃지 않는 '왕'이 네 번을 웃었다며 행복해하는 저의 글이 있었습니다.

- 병원에서 입구를 못 찾는 척 몸개그를 했을 때
- 현지 치킨 맛집에서 다 먹은 후, '동생들을 위해 포장해줄까?'라고 물었을 때
- 중국시장에서 사고픈 것 고르라고 하니 동생 '하'의 자동차 장난감을 고른 후
- 동네 시장에서 '왕'이 취향대로 고른 옷을 입은 모습에 우리 부부가 엄지척을 해주었을 때

2015년 연말은 미성년자인 '왕'의 여권과 비자 발급으로 분주했습니다. 라오에 손님으로 왔던 류중희 님에게 매형인 서울대 치의학대

학원 김종철 교수님을 소개받아 수술의 실제적 부분이 진행되었고, 간호사로 일하는 조카 은영이가 라오에 와서 그를 보더니 자신이 다니는 오륜교회 다니엘기도회에 '사랑의 헌금' 신청을 권유했습니다. 의학적 치료와 경제적 지원이 자연스레 어우러지며 '왕'과의 첫 만남 때 드렸던 기도가 이루어졌습니다.

그 과정에서의 가장 큰 난관은 그의 엄마였습니다. '왕'이 어릴 적 다시 수술을 받으면 죽게 될 거라는 점쟁이의 말에 그녀는 불안해했습니다. 점쟁이보다 창조주가 더 위대하시니 모든 일에 전적으로 책임을 지겠다는 각서를 쓰고서야 드디어 2016년 3월 17일 밤, 아내와 같이 그를 데리고 인천행 비행기에 오를 수 있었습니다.

21일 1시, 서울대병원에 입원하여 검사를 받았습니다. 간에 항체가 없고 수치가 높으며 콩팥이 제 기능을 못하고 소변에서도 혈뇨가 있다는 결과에 자못 당황하지 않을 수 없었습니다. 나이도 어린 녀석이 완전히 종합병원이었습니다. 약을 쓰며 이틀을 기다리다 결국 3월 23일, '왕'은 애써 두려움을 참으며 수술실에 들어갔고 우린 밖에서 두 손을 모았습니다.

예정보다 길어진 세 시간의 수술. 서울대 치대 최고의 의료진들은 멋지게 수술을 감당해주었고, 격려차 많은 지인들이 찾아와 주었습니다. 우리 부부는 보호자용 간이침대와 찜질방에서 교대로 자며 간

병을 했습니다. 라오의 '왕'은 최고의 시설에서 치료받고, 우리는 라오로 돌아가 열악한 병원에 입원하게 되는 건 아닐까 심히 걱정이 들었습니다.

퇴원 후에는 서울에 사는 큰아들을 친구네로 보내고 그의 방을 차지했습니다. 이후에는 롯데월드, 에버랜드, 강원도 횡성, 전주 한옥마을 등 관광지를 비롯해 라오에 와서 '왕'을 만났던 또래들이 다니는 교회에 가서 축복의 주인공이 되었습니다. 물론 서울대 교수님들과 김영훈 사회복지사님, 오륜교회 담임목사님을 찾아가 감사 인사를 드리는 것도 잊지 않았습니다.

당시 녀석은 하루 한 끼는 꼭 난생처음 맛본 버거킹 불고기 와퍼를 먹었습니다. 항상 두 개씩, 그것도 바나나 우유 두 개랑 같이 먹어 치웠습니다. 그래서 버거의 왕, '버거킹'이란 별명을 지어주었습니다. 거기에 돼지갈비, 삼겹살, 치킨, 회, 빵, 과자 등 왕성한 식욕으로 살이 쪄서 라오로 돌아가게 되었습니다.

그런데, 그런데 말입니다. 한국으로 오던 비행기 안에서 마땅히 할 말이 없던 터에 한국 돈을 보여주며 단위를 가르쳐주었던 것이 화근이었습니다. 병문안을 와주신 고마운 분들이 건넨 봉투들을 병실 옷장에 넣어두었는데, 비밀번호를 아는 이는 우리 부부와 '왕'뿐이었습니다. 봉투 속 금액들이 조금 이상하다 싶어 손을 댔는지 조심스레 물었습니다. 물론 아니라더군요.

그래서 저희가 사준 외투를 뒤져봐도 되겠느냐고 물은 후 살펴보았습니다. 믿고 싶지 않지만 5만 원짜리 지폐 두 장이 꼬깃꼬깃 접혀있더군요. 금방 탄로 날 일을 두고 눈앞에서 거짓말한 게 더 괘씸했습니다. 다시는 그러면 안 된다고 타이르며 약속을 받아내고서야 겨우 화를 진정시켰습니다.

한편 병문안 오신 분 중 발달장애 친구들을 섬기는 안성 '다비타의 집' 원장수녀님께서 한 가지 제안을 해주셨습니다. 횡성으로 1박 2일 현장학습을 떠나니 '왕'을 거기 보내고 좀 쉬는 게 어떠냐고 배려해주셨습니다. 그렇게 떠난 안성에서 밤늦게 전화벨이 울렸습니다. 원장님은 아무래도 발달장애 친구의 핸드폰을 왕이 손댄 것 같은데 어쩌면 좋겠느냐며 미안해하셨습니다.

저는 병실 사건에 대해 이야기를 나누었고, 교육을 위해서라도 가방을 살펴보도록 권했습니다. 잠시 뒤 확인 결과, 역시나 그의 가방에서 스마트폰이 발견되었습니다. 독일에서 특수교육학을 공부하고 장애인 생활공동체를 운영하며 무엇보다 장애인들을 진심으로 사랑하던 원장수녀님은, 추석 연휴에 다른 직원들이 쉬도록 배려하고 딱히 갈 곳 없는 발달장애를 가진 친구들과 함께 라오를 두 번이나 다녀가셨던 터라 더욱 염치없고 죄송했습니다.

오히려 괜찮다며 너무 혼내지 말라는 원장수녀님께 사과하고, 현장학습을 마친 '왕'을 데리고 다시 서울로 왔습니다. 그러다가 라오 귀국 이틀 전, 제 지갑에 넣어둔 라오의 10만 낍짜리 고액권을 세어 보고 몹쓸 의심이 생겼습니다. 여러 번 생각하다 결국 물었습니다. 혹시 손을 댔냐고, 절대 아니라는 답이 돌아왔습니다. 그런데 이번에도 역시 그의 가방에서 접힌 고액권이 나오는데 차라리 꿈이었으면 하는 생각이 들었습니다.

이 세 번의 사건을 라오에 와서도 함구하고 가슴에 묻어둔 것은 아내의 부탁 때문이었습니다. 그분 앞에서 우리는 더한 짓도 매번 반복하며 용서를 구하는 죄인이지 않느냐는 목사인 아내의 권유에 저도 순종했습니다.

이제 마지막 '그런데'를 사용하렵니다. 그동안 그렇게 애써 셋째 아들을 완벽하게 수술시켜 집에 데려다줬는데도 고생하셨다며 식사라도 하자는 감사 인사는커녕, 무반응으로 일관하는 부모를 보고 너무 기가 막히더군요. 여러분, 장애를 가진 본인은 물론 그 가족들도 변화의 주체로 서도록 도와야 하는 이 사역에서 반드시 기억할 게 있습니다.

Give.

And give.

Give again.

...

...

Forget!

주고, 또 주고, 다시 주다가
건넸던 그 사랑은 잊어버리십시오!

9

'아틸'의 아빠가 되다

오토바이를 타고 가다가 정지선에 대기 중인데, 두 다리가 경직된 뇌성마비 아들을 누나가 뒤에서 붙잡고 엄마가 운전하는 가족을 만났습니다. 잠시 한쪽에 서도록 한 후 연락처를 받고, 2016년 10월 17일에 먼 동네인 집을 물어물어 찾아갔습니다. 그날은 남편이 죽은 지 꼭 1년 되는 날로, 귀한 손님이 오셨다며 생수를 사다 내놓았습니다. 그런데 엄마도 오른쪽 다리가 많이 불편한 지체장애인이었습니다. 2009년생 뇌성마비 '아틸'은 막내이고, 의류 공장에 다니다 결혼한 큰누나와 2004년생 중학생 누나 '샘푸'가 있다고 했습니다.

가족사항을 파악한 후 녀석을 안아보니 머리에 물이 차서 상당히 부어올라 있었습니다. 수술은 엄두를 못 내 약만 받아다 먹이고 있다고 했습니다. 이런저런 얘기를 나누다가 도와주는 친척은 없냐고 물으니 갑자기 눈시울을 붉히면서, 도움은커녕 장애가 있다며 멀리하고 욕을 한다고 했습니다. 서러워 이내 눈물을 흘리는 엄마의 어깨를 다독여 주며 수술비 염려 말고, 우리가 매주 와서 도울 것이라고 했습니다. 그리고 저는 '아틴'의 아빠가 되어주겠노라고 약속을 했고, 아내는 엄마를 안아주었습니다.

이후에 감사하게도 수술 없이 약물 치료로 고비를 넘겼지만, 녀석 덕분에 비엔티안의 모든 병원을 다 가보았습니다. 가래가 심하고 걸핏하면 감기에 걸려서 병원에 자주 가야 한다는 엄마의 말을 확인하는데도 시간이 얼마 걸리지 않았습니다. 아파서 긴급 호출을 가장 많이 받은 집이 '아틴'네였거든요.

한편, 2018년과 2019년 농학교와 라오 농인예배공동체에 고가(高價)의 보청기 18대를 기증해주었던 '청음보청기' 여윤수 대표님은 자신의 청각장애로 농인들과 장애인 사랑이 매우 각별했습니다. 그런 따스한 분이 경직형 뇌성마비를 앓고 있는 녀석을 본 후 마음 아파하다가 눕고 일어설 수도 있는 특별한 휠체어를 직접 제작해 2019년 6월 세 번째 방문을 했습니다. 분해해서 가져오신 사랑의 휠체어를 다시 조립한 후 환히 웃으며 동네를 도는 녀석의 모습에 더없이 행복해했습니다. 장애이웃 사랑에 국경을 넘어 모든 열정을 쏟는 부부를 통해 저는 헌신을 배웠습니다.

그리고 보니 장애인 가정에서 유일하게 받았던 손 편지 한 장이 생각납니다. '아틸'의 작은 누나인 '샘푸'가 건네준 편지에는 이렇게 적혀 있었습니다.

"저희 가족을 사랑해 주시고, 제가 공부할 수 있도록 도와주셔서 너무 고맙습니다. 어른이 되면 선생님처럼 어려운 사람을 돕고, 특히 장애인을 사랑하겠습니다. 아빠가 돌아가신 지 1년 되는 날 오신 선생님 부부는 분명히 하늘에서 아빠가 보내주신 특별한 분들이세요. 사랑합니다!"

'아틸'의 아빠가 되어주겠다는 약속은 오늘도 실천해야 할 저의 의무입니다. 사랑에는 유효기간이 없기 때문입니다.

공평한 사랑은 가능하지 않다

태어나자마자 울지도 않고 잠만 잤다는 2013년생 '짠턴'은 스스로 앉거나 걷지도 못하며 손가락만 자유롭습니다. 그런 뇌성마비 동생이 흘리는 침을 닦아주며 살뜰하게 챙기는 언니 '싸이싸먼'은 2010년생으로, 그녀에게는 더 아픈 사연이 있답니다. 세살 때 열이 나고 자주 피곤하며 귀 뒤쪽에 아주 큰 종기가 생겼더랍니다.

검사해본 후 암이란 판정을 받고 백방으로 수소문하던 중, 아빠의 고향 '보리캄싸이'에 있는 일본인 의사가 도움을 준다는 소식에 달려가 두 번의 수술을 받았고, 경과가 좋았답니다. 지방으로만 돌며 의술을 펼치는 그 일본인 의사는 비엔티안 150병원에 연락하여 정기검진과 치료약, 수혈 비용을 후원해왔더군요. 약속한 기간이 끝나는 올해 말부터는 모두 저희 몫이 되지만 언젠가 만나면 꼭 감사 인사를 드리고 싶습니다.

　2년 동안 다니다가 아파서 그만둔 학교를 작년부터 가기 시작한 '싸이싸먼'은 보기만 해도 사랑스러운 아이로, 흥이 많고 노래와 춤추는 것을 좋아합니다. 장애인 가정들과 함께 떠난 나들이나 집에 찾아오는 한국 손님 앞에서도 음악만 나오면 춤을 추는데, 그 춤사위가 보통이 아니랍니다. 간과 신장 기능이 떨어져 쉽게 지치는 '싸이싸먼'이 약과 수혈 없이도 마음껏 뛸 수 있길 기대합니다. 그녀는 제 큰아들이 선물한 아주 큰 곰돌이 인형을 가장 좋아합니다. 거기에 동생 '짠턴'은 백만 불짜리 미소를 머금은 아이로, 이 가정을 보면 그냥 기분이 좋아집니다. 저도 모르게 흐뭇해집니다.

트럭 운전을 하는 아빠와 두 아이들을 챙기느라 집에만 있는 엄마. 아이들 사랑이 극진하고, 주어진 삶에 최선을 다하는 이들의 모습에 뭐라도 더 주고픈 가정이지요. 33곳의 장애인 가정에 똑같이 나누어 주어야 할 그분의 사랑이지만, 저희도 사람인지라 괜스레 마음이 더 쓰이고 정이 더 가는 가정이 있답니다. 글을 쓰는 지금도 두 손을 모으며 "감사합니다"라고 한국어로 말하는 '싸이싸먼'의 옥구슬 같은 목소리가 들리는 것 같습니다. '장애인교육센터'를 건축하면 이 아이들을 사랑으로 가르치고, 지친 엄마에게 고향이라도 다녀오라고 휴가를 주고 싶습니다. 꼭!

장애인 가정들에 치여 저희가 너무 지칠까봐
힘내라고
이런 가정도 하나 정도 구색을 맞춰
만나게 하신 것 같다는 생각을 지울 수가 없습니다.
그분은 그러고도 남으실 분이십니다.

11

배신에는 굳은살이 생기지 않는다(1)

59년생 '캄라이'는 30대에 고향 '씨엥쿠왕'에서 폭발 사고로 양손이 절단되는 사고를 당했습니다. 자전거를 타고 다니며 칼 가는 일을 하는 남편과 출가한 네 명의 자녀가 있고, 고등학교를 중퇴한 막내딸과 이혼한 딸을 대신해 손녀를 키우며 살고 있었습니다. 손녀가 마침 우리가 정착한 동네의 중학교에 다닌다기에 만나보았습니다.

총기 있는 똘똘한 눈망울의 주인공은 '닏'으로, 2015년 1월부터 저희 집에서 점심을 먹기 시작했습니다. 라오는 급식이 없어 11시 반에 집에 갔다가 1시 반에 다시 학교에 오는데, 집이 멀었던 녀석은 친구들과 면으로 대충 끼니를 해결하고 있었거든요. 그리고 5월말부터 방학이 시작되면 우리와 함께 장애인 가정 방문을 하는 대신 장학금과 용돈을 주었습니다. 그해 5월 11일이었습니다. 여느 때처럼 같이 점심을 먹고 설거지를 마친 '닏'은 이혼 후 아빠가 남동생을 데려갔고, 엄마는 자신을 할머니에게 맡기고 나갔다며 울먹였습니다. 그리고는 대뜸 이렇게 물었습니다.

"김 선생님, 제 아빠가 되어주실 수 있으세요? 조 선생님은 엄마가."

저희 부부는 대답 대신 한참을 안아주며 딸을 얻어 기쁘다고 말했습니다. 라오에 왔던 한국팀들도 '닏'의 총명함과 적극성에 칭찬을 이어갔고, 대학 등록금을 전액 후원하겠다며 잘 키워보라고 응원해주는 이도 있었습니다.

2017년 8월에는 그 아이가 그토록 갖고 싶어 하던 새 오토바이를 사주었습니다. 하루 종일 감격해하며 눈물을 훔치던 모습이 기억납니다. 영어 공부를 원하기에 학원 등록을 해주는 것은 물론, 한국분들이 건네는 선물들로 늘 부족함이 없었습니다. 교회도 다니기 시작하며 기독교 교육학을 공부하고 싶다기에 2019년 1월, 소개받은 필리핀 선교사에게 좋은 대학교를 알아봐 달라고 부탁을 해두었습니다.

그런데 그만 사건이 터지고 말았습니다. 2019년 3월 중순, 건강 검진차 두 달 일정으로 한국에 갔던 사이에 말입니다. 거의 모든 라오 사람들이 한다는 페이스북에서 사진 모델을 구한다는 광고를 보고 친구와 갔던 그녀를 5월에 돌아와 만나보니 이미 다른 사람이 되어 있었습니다. 마약에 중독된 남자를 알게 되어 일주일 동안 집을 나와 살았고, 한번 시작된 거짓말은 꼬리에 꼬리를 물며 이어졌습니다. 방황하는 청소년기의 일탈로 보기에는 이미 돌아올 수 없는 강을 건너버린 '닏'. 등 전체에 문신한 남자와 찍은 사진을 보고는 아예 마음을 접어야 했습니다. 이후 학교생활은 엉망이 되었고, 저녁에는 남자들 테이블로 가서 술을 파는 금액에 따라 이윤을 가져가는 식의 영업을 하는 곳에서 일을 했습니다.

매달 개인 후원을 하던 분과 필리핀에서 대학 졸업 후 한국에서도 공부시킬 계획을 갖고 마음을 써주시던 분께 이 사실을 알리고 정중히 사과를 드렸습니다. 이 일로 인한 가장 큰 후폭풍은 제 개인적으로 상당 기간 침체기를 보내야 했다는 사실입니다. 가족과 고국에 대한 그리움, 타국 생활의 스트레스, 경제적 압박 등은 믿고 사랑했던 사람의 배신에 비하면 아무것도 아닙니다. 이는 라오 사랑에 대한 불신의 벽을 순식간에 쌓아 올리는 무서운 힘을 가지고 있습니다.

가끔 혼자서 생각해 봅니다. 필리핀에서 기독교 교육학을 영어로 공부하고 한국의 대학원과 교회 사역을 병행하며 유학생활을 마치고 온 그녀가, 라오에서 펼쳐 갔을 희망찬 미래를요. 한 순간의 유혹을 뿌리치지 못해 인생 판도가 달라진 사건들이 어찌 그녀뿐이겠습니까. 그래서 더욱 성실하게 믿음을 가지고 오늘을 살아야 할 것입니다.

12

이런 의료진을 만나고 싶다

　제 고향 전주에는 121년의 장구한 역사를 가진 예수병원이 있습니다. 이곳 외과에 근무하는 김예정 과장님이 2019년 5월 28일, 전주 아름다운교회 단기선교팀 일원으로 오신 적이 있습니다. 그때 정신지체를 가진 '텅던'[11]이 화상으로 손이 망가진 것을 보고는 꼭 시간을 내서 수술해주러 오겠다고 약속하시더니, 정말로 7월 26일 밤 홀연히 라오에 나타났습니다. 그것도 전날 밤샘 근무를 한 후 이준희 간호사와 수술용품을 가득 안고서요.

---

11) 2014년 12월, 마을 이장이 소개한 가정으로 1985년생인 그녀는 6살 때 심한 경기로 발작과 정신지체를 동반하게 되어 아직도 약을 복용한다. 40년생 모친과 단둘이 살며 2016년 1월, 한국의 단기선교팀이 낡은 오두막집 보수 공사를 하다가 기둥이 무너져 내려 아예 허물고 다시 지어 선물했다. 화상 입은 딸을 입원시키고 간병하라고 했더니, 집에 도둑이 들까봐 병원에서 못 잔다는 엄마의 얘기에 집을 허물고 싶었던 적도 있다.

저희 집 거실에서 비밀리에 진행된 수술에 대해 라오에 있는 병원에 의뢰하든지, 의료적 기술과 지원이 어려우면 협업을 하여 수술실을 빌리든지, 정식 절차에 따라 한국의 병원으로 이송하든지 해야지 문제가 되면 어쩌려고 그랬냐며 질책하신다면 모든 것은 제 책임입니다. 정신지체를 가진 '텅던'은 기름을 쏟아 화상을 입어 손가락이 굽은 채 굳어가는 상황입니다. 라오의 병원에서는 별것 아닌 의료용품도 한국에서 구해달라고 부탁하는 의사가 많습니다. 오토바이 사고로 두 번 입원해 본 저는 여기 병원과 의사들을 아직은 믿지 못하겠습니다. 그러니 토요일 아침 11시부터 저희 집에서 진행한 수술을 너무 문제 삼지 말아 주시고 비밀로 해주실 것을 부탁드립니다.

　　드디어 소독 후 거실에서 진행된 수술은 예상보다 길어져 2시간 반이 걸렸습니다. 긴장 속에서 난생처음 수술과정을 지켜본 저는 의료진이 사뭇 달리 보였습니다. 환자와의 약속을 지키기 위해 자비로 시간을 내서 온 것 외에도 수술 전후 기도하며 환우를 돌보는 모습에서 진한 감동과 진심 어린 존경심을 느꼈습니다. 그리고 문득 수술 중 저는 이런 이기적인 기도를 했습니다.

　　'건강해야겠지만 혹여 아프면 이런 의사를 만나고 싶어요.'

다음날 28일 주일, 농인들과 예배를 드리면서 두 분을 소개한 후, 수술 장면을 영상으로 보여주며 이야기했습니다. 약하고 가난한 라오의 장애이웃을 위해 아무것도 바라지 않고 자신의 것을 내주는 것은 두 분 마음속에 '하나님의 사랑'이 있기에 가능한 일이라고요. 한없이 감동받는 농인들의 손에 두 분은 한국에서 사온 라면을 선물로 주셨고, '텅던'과 당뇨합병증 환우 '링'의 소독까지 마치고서야 저녁 늦게 비행기에 올랐습니다.

공항에서 감사 인사를 드리며 배웅하는데 중증외상 치료의 권위자 이국종 교수의 《골든아워》에 나오는 의료진을 눈앞에서 만난 것만 같아 너무나 행복한 밤이었습니다. 이 지면을 통해 코로나로 위기에 빠진 의료 현장에서 불철주야 고군분투하셨던 한국과 전 세계 의료진들께 깊은 존경을 담아 고개 숙여 감사 인사를 전합니다. 당신들은 진정으로 우리 모두의 영웅입니다.

13

실패는 겸손의 어머니

"왜 줄곧 장애인 곁에서 떠나지 않고 일을 이어가느냐?"고 물으며 특별한 사연을 기대하는 이들이 가끔 있습니다. 어머니의 말씀에 따르면, 저는 어릴 적 집에 온 거지 차림의 아저씨에게도 깍듯이 인사하며 내일 또 오시라고 했다 합니다. 그리고 과수원 하시던 할아버지의 시골집에 가면 정신지체를 가진 친척 이모가 있었는데, 제가 손을 잡고 다니며 무척 잘 따랐다더군요.

오래전 기억이지만 중학교 1학년 때 같은 반에 간질을 앓는 친구가 있었습니다. 친구는 하굣길에 쓰러졌고, 저는 그 친구의 입을 손수건으로 닦아주고 가방을 들어 집까지 데려다 주었습니다. 그의 부모님은 제 손을 잡고 고맙다며 칭찬해주었지요.

이 정도의 기억뿐이지만 장애를 가진 이들, 특히 앞을 못 보는 이들을 만나면 엔도르핀이 돌고 기분이 좋아져 말이 많아지는 자신을 발견하곤 합니다. 풍경과 상황을 설명해주며 시각장애인의 이해를 돕고, 그들을 안내하며 더 넓은 세상을 경험시켜 주는 것은 저의 보람이자 즐거움이 되었습니다. 지금은 어떻게 그리했을까 싶을 정도로 열정이 넘쳤던 젊은 날이 아득해 보이기도 합니다.

라오에 와서도 시각장애인, 특수학교 교사들과의 만남은 계속되었습니다. 어느 나라든 음악적 재능이 넘치는 시각장애인들이 있기 마련입니다. 저는 시각장애인 교사들 중 취미로 음악을 하는 이들을 만나 본격적으로 팀을 만들었습니다. 전자기타, 베이스, 드럼, 건반, 라오 전통악기인 '켄'[12] 연주자에 싱어들까지 총 7명으로 팀을 구성하고 매주 뚝뚝이로 연습실을 오갔습니다.

2016년 2월 22일, 큰 식당을 빌리고 장애인 가정들을 초대해 첫 번째 콘서트를 열어 가능성을 발견한 저는, 이 시각장애인 밴드팀 'Blind Lao'를 통해 장애인식에 대한 개선 사업을 시작하려고 계획했습니다. 그래서 보험 3개를 해약한 돈으로 2016년 1월, 한국에서 컨테이너로 음향과 악기 일체를 장만해 들여왔습니다. 그리고 저희 집

---

12) 거의 모든 소수 민족이 연주하는 대표적인 악기로 작은 대나무를 여러 개로 묶어 피리처럼 만든 악기. 2,500~3,000년 전 중국 남부지방에 살던 시절부터 전해져 왔다 한다.

방 한 칸에 계란판 660개를 붙여 방음을 하고, 안마를 하는 이들을 픽업해 매주 시각장애학교 교사들과 한국어 노래까지 연습했습니다. 저희는 그 과정 자체가 기쁨이고 행복이었습니다. 연습을 마치고 나면 저녁 식사로 제법 규모가 있는 큰 식당을 일부러 찾아다녔습니다. 라이브 무대에 오를 기회를 얻기 위해서였습니다. 무대 매너나 멘트, 동작, 돕는 동선 하나하나까지 세심히 다듬는 것도 잊지 않았습니다.

한국에 있을 때 저는 시각장애가 있는 꼬맹이들과 22년 동안 함께하며 그들을 전문 사역자로 키워냈습니다. 음반 7장과 1,122번의 초청 무대에 서게 했던 저로서는 라오에서 밴드팀 훈련은 정말 쉬운 일이었습니다. 이미 해본 일이라 무엇을 어떻게 해야 할지 훤히 보여 과거의 시행착오도 줄이고 지름길까지 찾아낼 수 있었습니다.

그러던 어느 날, 주축 멤버 중 몇 명이 루앙프라방의 시각장애 학교로 발령받아 떠나야 하는 상황이 되었습니다. 이들을 대신해 다시 충원할 이들을 알아보고 팀을 재정비할 시기에 맞닥뜨린 것입니다. 하지만 그 순간, 저는 자만하며 교만했던 제 자신을 깨달았습니다. 안타깝지만 멈추어야 할 때임을 직감하고, 모든 것을 내려놓으며 눈물로 반성했습니다.

만약 이 팀이 계속해서 잘되었다면 어떻게 되었을까요? 교사가 아닌 시각장애 학생들로 이루어진 두 번째 팀도 결성해 활발하게 활동

했다면, 그것을 저의 탁월한 능력 때문이라고 교묘하게 자랑하고 다녔을 것입니다. 저는 어느새 그분만 의지하겠다며 떠나오던 인천공항에서의 결단을 잊고 있었습니다. 그렇게 저는 제 경험과 능력을 확신하다가 제대로 한 방 얻어맞았습니다.

투우장의 소는 위협을 피할 수 있는 특정 장소를 기억하고, 그곳을 자신의 케렌시아(Querencia, 안식처/피난처)로 삼는다고 합니다. 그 일 이후 저는 숨을 고르며 그분이 인도하실 일을 기다렸습니다. 아니 기다려야 했습니다.

농인예배공동체
이야기

돌리지 않는건
장애가 아니까
내 경험개성이야!

- 영화 〈마이클 벨리에〉 중에서

2017년 6월 11일, 그 첫 항해

2015년 4월 '분홈'을 만나

6월에 필리핀 '농인성경대학'에 보냈습니다.

2년 동안 학업에 열중하도록 아낌없는 지원을 한 열매가

지금 제 눈앞에 펼쳐지고 있습니다.

오전 10시, 저희 집 거실에서 시작된 첫 예배에

저희 부부와 11명의 농인들, 그들의 자녀 2명이 함께합니다.

복음을 모른 채 듣지 못하고 말하지 못하는 이들이

수어로 찬양하는 모습에 눈물이 납니다.

선물로 준비한 티셔츠를 입고 기념사진을 찍습니다.

저희가 준비한 소박한 뷔페식 음식도 먹습니다.

오늘부터 우리는 아주 특별한 가족이 됩니다.

매주 이들과 함께할 시간들이 기대됩니다.

어떻게 다듬고 만져 가실지 가슴이 뜁니다.

너무 떨리고 긴장되어

전날 한숨도 못 잤다는 '분홍'이 아주 잘해냅니다.

너무 감사하고 행복해서 자꾸만 눈물이 흐릅니다.

닦아도 속절없이 나오는 눈물이 왜인지는 모르겠습니다.

2

라오 농인예배공동체

주중에 장애인 가정들을 방문하면서도 온통 머릿속으로는 주일 식단을 걱정합니다. 그리고 토요일에 함께 시내로 장을 보러 갑니다. 사실 아내는 요리에 재능이 별로 없을 뿐더러 하는 것조차 그리 좋아하지 않았습니다. 그런데 농인들만 50~60명이 모이고 출석에 넣지 않는 청인 가족이나 한국에서 오신 팀들과 연합으로 예배라도 드리는 날이면 거의 100여 명이 됩니다. 코로나19 여파 때문에 현장 예배를 잠정적으로 쉬기로 했던 2020년 3월 29일이 144번째 예배였는데, 어느새 저희는 음식 준비의 달인이 되었습니다. 자리가 사람을 만든다는 말도 있듯이 당황하지 않고 빠른 시간에 맛좋은 음식을 만들어 냅니다.

아내는 부엌에서 전날 씻어둔 쌀을 안치고, 각종 양념류 소스를 만들어 냅니다. 그 시간 저는 마당의 간이부엌에서 지지고 볶고 튀기는 요리를 담당합니다. 저희 부부의 요리 스승은 집밥 백종원 선생입니다. 유튜브 방송을 통해 그의 비법을 배우며 늘 새로운 메뉴에 도전합니다.

저희가 만드는 음식은 '농인들에게 한 끼의 섬김은 우리의 예배입니다'라는 마음가짐의 표현입니다. 맛있게 먹으며 엄지척을 해주는 농인들의 표정이 저희의 보람이지요. 물론 메뉴의 재료들을 씻고 다듬고 써는 것은 10시에 시작하는 예배 전, 일찍 오는 농인들이 돕습니다. 국적과 상관없는 진리는, 오토바이로 1시간 이상 걸리는 먼 곳에서 오는 이들이 더 일찍 온다는 사실입니다.

주일 아침마다 저희 집 앞마당은 빼곡하게 줄맞춰 주차되는 오토바이로 장관을 이룹니다. 그런 라오 농인예배공동체는 엄밀히 말하면 불법입니다. 농인교회의 허가를 받기 위해 정식으로 서류를 제출해도 라오정부의 종교국에서 허가하지 않기에 지하 가정교회 형태로 모일 수밖에 없습니다. 다만, 저랑 친하게 지내는 마을 이장에게 미리 말은 해두었습니다. 농인들의 수어교육을 위한 모임이라고 했더니 염려 말라더군요. 그리고 골목 이웃들과도 인사하고 먹을 것을 나누며 친하게 지냅니다. 사실 오토바이가 들어오고 나가는 시간을 빼면 저흰 많은 인원이 모여도 시끄럽지 않답니다. 거의 소음이 생기지 않는 농인들이기에 민원 - 감시가 더 적절 - 이 제기되어 문제를 야기하는 일은 없습니다. 물론 경찰이 급습했을 때 취해야 할 비상행동 요령들도 숙지했고, 결정적으로 저희 모두는 수어로 이야기를 합니다.

예배 중 특이한 점은 일방적인 선포식 설교가 아닌 중간중간 질문도 받으며 진행된다는 것입니다. 물론 현지 농인사역자인 '분홈'에게 일임한 바라 저희가 관여하지는 않습니다. 또한 찬양이 끝나면 참석자 모두가 빠짐없이 서로를 안아주며 인사를 나눕니다. 이때는 저희도 하던 요리를 멈추고 들어가 안아줍니다. 그런데 처음에는 낯설어하며 망설이던 농인들이 시간이 흐르며 저희를 안는 세기가 무척 강해졌습니다. 그만큼 서로간의 신뢰를 확인하는 시간이라 행복합니다. 이후 단체사진을 찍고 매월 첫 주 생월자 파티와 선물 증정, 새 교우 소개, 식탁 교제가 이어집니다.

매주 모이는 헌금은 매우 적지만 절대 먹고 노는 일에 쓰지 않습니다. 정해진 병문안, 사고 위로, 장례 등 합의한 원칙에 따라 농인들을 위한 지원비로 나가거나 캄보디아와 한국 농인교회의 선교비로 사용합니다. 홀수 해에는 야외 예배, 짝수 해에는 체육대회를 진행하며, 창립기념 주일과 성탄 주일은 특별히 기획을 하여 진행합니다.

여기서는 한 장소가 여러 용도로 사용되기도 합니다. 오전 10시에는 예배를 위한 교회당이 되었다가, 12시가 되면 식당이 되었다가, 이후엔 약국과 이발소와 탁구장이 되며, 한 달에 한 번은 특별 2부 순서의 무대가 되기도 합니다.

저희가 공동체에서 항상 강조하는 것이 있습니다. 땀 흘려 열심히 일하며 하나님 나라를 세워가야 한다는 것과 장애를 가진 이웃은 모두 한 가족이라는 것입니다. 더불어 농인협회 일은 예배 시간을 조정해서라도 적극 협력하고 있습니다.

이곳 농인들 대부분은 복음을 처음 접한 사람들입니다. 직업도 사회에서 중요한 위치를 갖지 못하여 매우 가난합니다. 그래서 참 다행입니다. 누구도 일방적으로 주장하지 않으며, 다들 농학교 선후배로 연결되어 있어 서로를 속속들이 잘 압니다. 저희도 알고 있습니다. 누군가는 그저 밥을 먹으러, 누군가는 그저 농인들이 그리워 오기도 하겠지만 그게 무슨 대수겠습니까? 가랑비에 옷 젖듯이 언젠가 예수 그리스도가 그들 삶에 가장 소중한 분임을 고백하는 날이 오겠지요.

더운 나라에서 땀흘려가며 자신들을 위해 정성스레 식사를 만들고, 큰 그늘 되어주려 노력하는 한국인 부부를 어찌 생각하느냐고 물어본 적이 없습니다. 그 답이 궁금하지도 않습니다. 연약하고 부족한 저희 부부에게 장애를 가진 이웃들을 섬길 수 있는 기회를 허락해 주시고, 때마다 은혜를 내려주시는 것만으로도 벅차고 황홀합니다. 아무나 누릴 수 없는 특별한 부르심이기 때문입니다.

한편, 저희는 농인이라는 이유만으로 받는 차별이나 부당함에는 하나되어 싸워 나갑니다. 그래서 농인들이 월급을 받지 못했다고 하면 저희가 갑니다. 유방암으로 수술하는 농인을 위해서는 라오의 한인교회인 '기쁜교회'와 한국의 '화성은혜농인교회'에 도움을 청하기도 합니다. 또한 농인 자녀들의 교육을 지원하기 위해 열 가정은 개인 후원을 연결하여 매달 돕고 있습니다. 경조사가 생기면 정장을 차려입고 농인 집으로 가서 인사를 합니다. 농인들은 외국인 부부의 방문을 가족들과 지인들에게 어깨에 힘을 주고 자랑합니다. 다급한 일이 생기면 '분홈'을 통해 저희에게 도움을 청하고, 항상 감사를 표합니다. 앞으로의 바람은 농인들과 서로 인정하고 보듬고 안아주는 지금, 이 사랑의 모습들이 차곡차곡 쌓여 저희 부부의 가슴속에 있는 예수님이 스며들기를 소원합니다.

물론 조바심을 가지고 당장 무언가를 가르치려 하지는 않습니다. 한국 교회의 잘못된 관행이 이식되지 않도록 더욱 주의할 것이며, 시간이 더디더라도 그들 스스로 만들어 가는 믿음의 공동체가 되길 곁에서 응원하며 기도할 것입니다. 그리고 저희가 해냈다고 절대로 건방 떨지 않을 겁니다.

농인들은 피를 나눈 부모나 형제보다 국적을 떠나 같은 농인들을 더 신뢰하는 경향이 있습니다. 저희는 농인도 아니고 외국인이기에 훨씬 불리한 여건입니다. 청각장애 전공자도 아니고 수어도 서툴지만, 장애를 가진 이들을 향한 체휼의 마음이 있습니다. 단순한 동정의 마음인 긍휼이 아닌, 그들의 아픔이 저희의 고통으로 느껴지는 체휼의 마음을 가졌기에 중단 없이 나아갈 수 있습니다.

울창한 숲도 한 알의 밀알에서 시작되었습니다. 포기하지 않고 한 걸음씩 나아가다 보면 어느새 성숙으로 나아간 자신의 발자국을 발견할 수 있을 것입니다. 밀알로 썩어질 저희가 복음의 울창한 숲을 봐야 할 권리는 어디에도 없습니다.

그것은 오로지 창조주의 몫이며 영광입니다.

3

性 정체성

퀴어(Queer)는 성 소수자를 지칭하는 포괄적인 단어로, 게이나 레즈비언은 자신과 같은 젠더(gender, 성별)에 끌리는 성향을 가진 동성애자를 말합니다. 반드시 짚고 넘어 가야겠기에 어렵사리 이야기를 꺼내 봅니다.

시간이 지나면서 저희 공동체에 여성 동성애자인 레즈비언(lesbian) 커플이 한 쌍, 남성 동성애자인 게이(gay)가 한 명 있음을 알게 되었습니다. 그리고 트랜스젠더(transgender)[13]와 드랙(drag)[14]도 몇몇 있습니

---

13) 신체적으로는 남성 또는 여성의 몸으로 태어났지만, 본인은 타고난 자신의 성과 반대되는 성을 가졌다고 여기는 사람을 이른다.

14) 드랙(drag)은 여장 혹은 남장을 뜻한다. 드랙퀸(drag queen)은 여장한 사람, 드랙킹(drag king)은 남장한 사람을 이르며, 이들의 노래, 춤, 모창, 립싱크 등의 퍼포먼스를 드랙쇼(drag show)라고 한다. 성 소수자 사회에서 드랙은 단순히 여장 혹은 남장이라기보다 과장된 남성성과 여성성을 표현하는 것으로, 생물학적 성 청체성의 경계를 흐리는 정치적·사회적 의미를 포함시켜 적극적으로 활용하기도 한다.

다. 상대적으로 동성애자가 많은 태국과 필리핀의 영향 때문인지 라오에서도 쉽게 트랜스젠더를 만날 수 있습니다. 라오는 사회적으로 성 소수자들에게 편견이나 불평등이 거의 없습니다.

한국에서야 만날 기회가 별로 없어 깊이 생각해보지는 못했습니다만, 사실 별반 고민이 필요하지도 않았습니다. 바이러스도 아니고 동성애를 이유로 공동체에 나오지 못하게 할 자격이 제게는 없습니다. 그들의 존재 자체가 죄일 수는 없으며, '낯선 소수'일수록 우리는 외면하지 말아야 합니다. 어떤 존재에 대해 선입견이나 편견이 생길 수도 있고, 낯설 수도 있습니다. 하지만 그것들을 내려놓고 가슴과 가슴, 눈과 눈으로 마주보며 열린 마음으로 더 깊이 알아가는 과정을 가지는 것이야말로 그리스도인의 자세일 것입니다.

시간이 흐르며 많은 감사를 느낍니다. 그들이 제게 따스한 시선을 갖도록 해주었습니다. 그들 덕분에 이제 시간이 지날수록, 하나님의 사랑을 한아름 더 많이 전해줄 수 있을 것 같습니다.

4

바나나 다이어트

2019년 6월 30일, 105번째 예배 시간이었습니다. 저희에게는 예배 중 특별한 순서가 있습니다. 리더인 '분홈'이 설교 전에 환우나 상을 당한 유가족, 또는 그 주의 기도 제목을 놓고 다 함께 원을 만들어 중보기도를 해주는 시간입니다. 그런데 갑자기 평소 조용하던 '라'[15] 가 손을 들며 기도를 부탁하기에 앞으로 나와서 상황을 설명하도록 했습니다. 그녀는 남편 '언아누싹'[16]이 한 달 전, 마약 복용과 소지 및 판매 혐의로 잡혀 교도소에 있다고 고백했습니다. 이제야 털어나서

15) 94년생으로 1남 7녀 중 막내. 중학교 1년 중퇴 후 태국에서 1년 동안 미용 기술을 배웠고, 2012년에는 1년간 '여성장애인센터'에서 재봉과 컴퓨터를 배웠다. 아버지 홀로 남능댐 근처에 살고 있다.

16) 85년생으로 농학교 졸업 후 태국에서 1년 동안 자동차 기술을 배웠지만, 관련된 일을 구하지 못해 2년간 식당에서 일했다. 2014년 라오로 와서 2년간 요구르트 공장에서 일하다가 아내의 임신을 핑계로 잦은 결근을 하다 결국 해고를 당했다.

미안하다는 말과 함께 자신의 체중이 10kg 이상 빠진 이유가 다이어트 때문이 아니라, 실은 먹을 게 없어서 매일 바나나만 먹었기 때문이라며 눈물을 흘렸습니다.

옆에 있던 2016년생 아들 '아난다'도 영문을 모른 채 엄마를 따라 덩달아 울었습니다. 너무 심하게 울어 부엌에 있던 저희도 사건 전모를 알게 되었습니다. 그런 속사정도 모른 채 지독한 다이어트로 그리 날씬해진 줄 알고 모두가 부러워했었던 터라, 망연자실하여 멍하니 바라보았습니다.

저희는 둥근 원 안에 앉은 '라'를 위해 손을 잡고 진심으로 기도한 후, 수감된 남편을 위한 특별 모금을 진행했습니다. 라오에서 마약사범은 면회가 어렵고 밖에서 넣어주는 영치금이나 식품들에 절대적으로 의존합니다. 그래서 '라'가 옥바라지를 하고, 자립할 수 있도록 우리는 물심양면으로 신경을 썼습니다. 안정을 찾아서인지 이 사건 이후 더 열심히 공동체에 나오던 '라'는 한 달 만에 예전 몸무게로 돌아왔습니다. 살이 많이 빠졌을 때가 보기에는 좋았지만 말입니다.

5

용서받지 못할 불륜

저희 공동체에도 유복한 가정에서 태어난 농인이 있습니다. 87년생 '또이'입니다. 처가가 아닌 본가에서 살림을 차린 친구로, 큰 덩치에 문신을 많이 해 처음에는 조폭인 줄 알았습니다. 그런데 알고 보니 마음이 너무 여린 순둥이였습니다. 그는 동갑내기 '꽁'과 결혼해 건강한 2008년생 '미미'와 세 살 아래 '마끼'라는 예쁜 두 딸을 두고 있습니다. 농림부 공무원으로 은퇴한 아버지와 유치원, 초등학교, 중학교를 설립하여 이사장으로 있는 어머니 덕분에 600명이 재학 중인 학교에서 독점으로 매점을 운영하고 있습니다. 마약으로 넋이 나간 형과 학교 행정을 담당하는 호주 유학파 출신의 여동생과 같이 살면서요.

그러던 어느 날, '꽁'이 2003년생 '알렉'을 공동체에 데려왔습니다. 일반 학교를 다니다 청력을 잃고 농학교로 전학을 온 학생이었습니다. 그는 사이클 유망주로 수어를 배우는 중이었습니다. 저는 한국에서도 중도에 실명한 시각장애인에게 애정이 더 많이 갔던 터라 더욱 살갑게 대했습니다. 그런 그가 그만 두 딸을 둔 유부녀인 '꿍'과 눈이 맞아 버렸습니다. 평소 자녀교육과 살림에는 무관심하고, 화장과 쇼핑에만 열심을 내던 그녀에게 16년이라는 나이 차는 아무 문제도 아니었나 봅니다. 순둥이 바보 같은 남편 '또이'는 농인 친구들의 조언대로 강력히 대응하지 못하고 눈물만 흘리고 있었습니다. 오히려 두 딸들이 제게 자기 엄마를 혼내 달라고 부탁했습니다.

관망하고 있던 제게 드디어 나설 기회가 주어졌습니다. 여성 농인들 세 명이 같이 사는 월세방에 밤늦게 나타나 협박조로 방을 차지하고 둘이 잤다는 제보가 제 귀에 들어왔습니다. 더욱이 예배 시간에 나란히 앉아 손을 잡고 머리카락과 어깨를 쓰다듬는 등의 애정 행각을 하다가 제게 딱 걸렸습니다. 저는 조용히 '알렉'을 밖으로 불러냈습니다. 지금 상황을 물으니 그는 그저 '꿍'을 사랑한다고 했습니다. 몇 차례 다시 설명했지만 녀석은 빤히 쳐다보며 '사랑하는데 뭐가 잘못이냐는 식'으로 나올 뿐이었습니다. 그래도 참고 설득하고 기도하고 기다려주어야 옳을 것입니다. 그러나 인격이 성숙하지 못한 저는, 머리를 쥐어박고 정강이를 세게 차 주었습니다. 그리고 공적인 자리에서 다시 그런 짓을 한다면 단단히 각오하라고 호통을 쳤습니다. 유쾌한 기억도 아니기에 후회하거나 자책하고 싶지도 않습니다. 제 행동을 합리화시킬 생각도 없습니다. 이 일이 녀석과 저만 아는 비밀로 끝나길 바라지도 않습니다. 그럴 리도 만무하구요.

이 사건 때문만은 아니지만 여전히 사랑하기에 이별만은 안 된다던 순정과 '또이'가 결국에는 이혼 도장을 찍고 말았습니다. 두 아이를 버리고 친정으로 간 '꿍'은 공동체를 떠났고, 이후 '알렉'의 부모는 이 둘을 떼어놓기 위해 아들을 호주로 유학 보냈다고 합니다. 한참 시간이 지나 전 남편과 아이들, 공동체에 용서를 구한다면 물론 받아줄 것입니다. 그런데 그 시간이 아주 오래 걸릴 것 같고, 오지 않을 수도 있다는 생각을 지울 수가 없습니다.

6

배신에는 굳은살이 생기지 않는다(2)

현지 농인사역자인 '분홈'은 필리핀으로 떠나기 전 '쓰아'와 약혼한 사이였습니다. 잘생긴 외모에 손재주가 좋았던 녀석을 오매불망 2년 기다리게 한 것은 전적으로 제 책임이었습니다. 어느 날 마음속 부담으로 자리 잡고 있던 그가 찾아와 일자리를 부탁했습니다. 저는 한국인이 운영하는 숯 공장에 다른 농인 두 명과 같이 그를 보냈습니다. 농인 둘은 적은 월급에 고된 노동력으로 일주일을 못 버티고 그만두었지만, '쓰아'는 달랐습니다. 그쪽 사장님도 일 잘하는 녀석을 맘에 들어 했습니다.

그런 '쓰아'를 2016년 7월부터 저희가 정식 직원으로 채용했습니다. 장애인 가정 보수 공사 10곳, 신축 공사 4곳, 학교 보수 공사 4곳을 전담했고, 건축 부지의 담장과 대문도 공사를 했으니 그쪽 분야

베테랑이 되었습니다. 눈치도 빨라 얼굴 표정을 읽어내고 먼저 알아서 움직이는 녀석은 저의 오른팔이었습니다.

그의 집은 부모님이 청인이며, 누나 둘과 막내인 '쓰아'는 농인이었습니다. 둘째 누나는 루앙프라방에서 농학교 교사라 제 앞가림을 잘했습니다. 반면, 월세방을 얻어 같이 사는 셋째 누나 '쌩텅'은 늘 사고를 쳐서 남동생 '쓰아'가 도움을 주는 상황이었지요. 2018년 3월 15일 새벽 2시, 야간 식당일을 마친 그녀가 다른 농인을 태우고 퇴근하던 길에 오토바이가 미끄러져 뒷자리에 탔던 30살 미혼 농인만 하늘나라로 가는 가슴 아픈 일도 있었습니다. 가슴에 복대를 두르고 남성처럼 행동하던 그녀도 그 사건으로 한동안 충격에 빠졌고, 농인 자녀를 둔 양쪽 집안의 갈등을 봉합하느라 저희도 많은 애를 먹었습니다.

한편, 유학을 마치고 돌아와 저희랑 함께 일하던 '분홈'은 파혼을 선언하고 '쓰아'와 친구로만 남게 됩니다. 제 추측이건데, 하나님께서 주신 비전을 함께 이루어가고 발맞추어 나가기엔 아니라는 생각을 했나 봅니다. 단호한 '분홈'을 여전히 사랑했던 '쓰아'는 당연히 마음이 아팠을 것입니다. 그러나 그것이 마약에 손을 댄 변명이 될 수는 없습니다. 한번은 용서하지만 더 이상은 안 된다고 경고했음에도 불구하고 그는 살이 빠지고 얼굴이 달라지며 잘 뛰던 축구 경기에서도 맥을 못 췄습니다.

결정적인 사건은 그 이후에 터졌습니다. 라오에 왔던 음향과 조명, 무대 설치 일을 하는 정용대 님이 '쓰아'를 눈여겨보고는 성수기 6개월 동안 농인 두 명을 한국에 보내라고 했습니다. 첫 단추를 잘 꿰면 계속해서 목돈을 벌 기회가 생기는 일로, 직업재활 측면에서 바람직하기에 비자를 준비했습니다. 통장에 매달 쌓여가는 실적이 필요하여 계좌를 개설하고 돈을 넣어주었습니다.

그런데 작년 1월, 은행에 가서 잔고증명서를 가져오라고 했더니 머뭇머뭇하는 게 아니겠습니까. 그리고는 아버지에게 급히 송금했다고 했습니다. 전화 한 통이면 바로 드러나는 거짓말을 눈물까지 흘리며 연기한 것이 우리 부부를 너무 힘들게 했습니다. 게다가 다른 농인을 통해 나중에 들었지만, 물건을 구입하고 나서 우리에게 가져오는 영수증이 모두 거짓이었다는 배반감은 충격, 그 자체였습니다.

아들처럼 여기며 모든 것을 아낌없이 주던 녀석에게 느낀 상실감은 이루 말할 수가 없었습니다. 일을 그만두고 고향으로 떠나는 녀석의 뒷모습에 마음이 너무 아팠지만 우리는 또 잊어야 합니다. 라오에서 살아 내려면 그렇게 또 지워 내야만 합니다. 앞으로 몇 번이나 더 가슴에만 묻어야 할 일들이 남았는지 모르지만 할 수만 있다면 믿는 이들의 배신만큼은 피하고 싶습니다. 배신에 면역력이 생기는 주사는 어디 없을까요? 마음 여린 저같은 이들에게 꼭 필요합니다.

37

수요 농인 심방(尋訪)

교회 용어사전에 히브리어의 '보살피다', 헬라어의 '돌보다'로 설명하고 있는 심방은 찾아가 만나본다는 뜻으로 '찾을 심(尋)'에 핵심이 있습니다. 찾아가기 위해서는 그전에 가장 보살핌과 돌봄이 필요한 이를 선정하는 게 더욱 중요합니다. 그러려면 매주 작성하는 출석부와 기록[17]을 토대로 예배 후 약속을 정해야 합니다.

보통 화요일에 약속을 한 번 더 확인하지만, 핸드폰이 없는 경우에 믿고서 막상 가보면 약속을 잊고 외출한 경우도 있었습니다. 한번

---

17) 내게 누군가 '기신'이라고 별명을 붙여준 적이 있다. '기록의 신'이란 뜻으로 배낭여행 시절의 일기는 물론, 정착 때부터 쓰기 시작한 네이버 블로그 '라오에 물들어'에는 장애인 가정과 농인들과의 만남, 예배, 건축 등 일상의 모든 기록이 담겨 있다. 이 기록이 책 출간의 토대가 되었다. 부부의 부재 시 뒤를 이을 누군가를 위한 최소한의 배려이자, 평소 "밥값은 하며 살자!"고 즐겨 말하는 필자는 그 '밥값'의 출발선을 '기록'이라고 생각한다.

은 방문을 걸어 잠그고 잠이 든 농인이 있었는데, 30분 동안 아무리 문을 두드려도 안 일어나 헛걸음을 한 적도 있답니다. 농인이 못 듣는다는 것, 예! 진실이었습니다.

소수 종족인 몽족 농인은 왕복 250km에 차로 5시간을 오갔던 심방의 최장 거리라 매주 올 수 없기에 배제하더라도, 160km나 되는 왕복 4시간 거리를 오토바이 한 대에 아내와 아이를 싣고 데려온 농인 부부도 있답니다. 또한 왕복 120km와 115km, 80km인 가정도 있으며, 105km 거리에 사는 한 농인 부부는 중간에 오토바이를 나룻배에 싣고 건너야 합니다. 한국과 같은 도로가 아닌 비포장과 먼지, 우기의 빗속을 뚫고 와야 하는 라오의 도로 사정상 이는 매우 감동적인 일입니다. 그 수고를 알기에 이들이 오면 음식 준비를 하다가도 더 격하게 안아주며 반깁니다. 그리고 이들 장거리 가정들 외에도 외곽에서 오는 이들을 포함, 매주 열 가정에 저희가 따로 오토바이 유류비를 지원하고 있습니다. 저희가 직접 가보았기에 결정한 섬김의 방법입니다.

한편, 한국에서 장애이웃을 사랑하는 마음에서 보내주는 물품들을 저는 지혜롭게 전달합니다. 어느 장애인 가정으로 가야 할지, 농인들 심방 때 나눌지 혹은 특별 행사 때 나눌지, 이장이나 교장나 교사들 선물로 건넬지를 본능적으로 압니다. 그리고 장애인 가정이나 농인들을 방문할 때는 물론, 저희 집에 들른 그 누구든 빈손으로 보내지 않습니다. 매일 풍성히 부어 주시는 은혜는 자꾸만 흘려보내야 더욱 넘치게 채워진다는 사실을 알고 있기 때문입니다.

심방을 가면 먼저 가족들과 인사를 한 후, 아내와 '분홈'이 농인과 상담하는 동안 '팽'은 청인 가족과 이야기를 나눕니다. 가족들 입장에서 농인을 바라보는 마음을 알기 위함입니다. 그 사이 저는 집안 구석구석을 주의 깊게 살피며 도울 일을 고민합니다. 그리고 근처에서 가장 맛있는 음식점을 물어 식사를 사며 '분홈'이 대표 기도를 합니다. 이어서 필요하다 싶은 생필품을 선물하고, 안아주며 일정을 마칩니다. 일터로 심방을 갈 때는 고용주나 직장 동료들에게 더욱 신경을 써서 예의를 갖춥니다.

공동체의 높은 출석률을 위한 방문이 아니라 어떤 환경에서 사는지, 어떤 고민을 안고 있는지 파악합니다. 주일에는 시간에 쫓겨 얘기를 나눌 수 없어 시작했는데, 농인들이 저희의 방문을 그렇게까지 기뻐하는지 처음에는 몰랐습니다. 약속한 날 가보면 깨끗한 옷을 입고 청소를 한 채 기다립니다. 때로는 농인들끼리 자기에겐 언제 오는지 나름 신경전까지 벌이더군요.

농인들을 한 명씩 알아가며 싹트는 사랑에 저는 기쁘고 즐겁습니다. 농인공동체에 서서히 스며드는 행복이 점점 커져 갑니다.

수요 농인 심방,

이 즐겁고 행복한 일을 누구에게도 양보하고 싶지 않습니다.

생일날 덜컥, 약속을 하다

82번째 예배였던 2019년 1월 13일 주일은, 마침 제 생일이기도 했습니다. 예배 후 식사 메뉴는 잡채, 고추장 삼겹살, 숙주 무침, 소고기 미역국, 망고와 요구르트. 음식을 준비하느라 밖에서 미역국을 끓이던 저를 농인들이 급히 찾았습니다. 준비한 케이크가 등장하고 초를 끄니 영상이 돌아갔습니다. 모든 농인들의 축하 메시지가 이어지는 가운데 노르웨이로 시집간 '쩐'과 '뿌' 부부가 나오고, 한국 가족들과 친구와 후배들까지 등장했습니다. 영상을 기획한 아내가 중간에 손수건을 건네주지 않았다면 저는 들고 있던 행주로 눈물을 닦을 뻔했습니다.

영상이 꺼진 후 제가 이야기할 차례가 되었습니다.

"저희 부부는 라오에서 한 알의 밀알이 되어 죽을 터이니
예수님을 알고 닮아가는 것에 최선을 다해 주세요.
저희는 장애를 가진 이들과 사랑하다 죽겠습니다!"

이 약속을 지키기 위해 최선을 다하겠습니다.

9

농학교, 그 텃밭 가꾸기

정착 초기부터 꽤 오랜 기간 관계를 맺어온 농학교는 COPE[18]와 나란히 위치해 있던 '추억의 저장고' 같은 곳입니다. 2019년 2월, 새로운 부지에 신축 건물로 이전한 농학교. 그런데 학교가 터를 잡은 동네는 우리 건축 부지와 그다지 멀지 않은 곳에 있습니다. 우연이 아니라 세밀한 계획하심이라 믿습니다.

2016년 2월 방문했던 세진교회가 농학생들을 위한 식판 150개를 선물한 것을 시작으로 한국의 많은 단기선교팀들이 잊지 못할 함박웃음과 행복한 미소를 선사해주고 갔습니다. 농학생들에게 한국은

---

18) 불발탄(UXO: Unexploded Ordinances)으로 피해를 입은 사람들을 위해 1997년 설립된 COPE(Cooperative Orthotic and Prosthetic Enterprise)센터는 라오국립재활원 안에 있는 시설로 CMR(Centre of Medical Rehabilitation)과 협력 관계를 맺고 있는 비영리조직이다.

가장 가보고 싶은 꿈의 나라가 되었고, 우리 부부가 마음껏 사역할 수 있는 기반을 만들어 주었습니다.

그해 5월 17일, 라오국립문화홀에서 'Korean National Ballet Gala'가 전설의 발레리나 강수진 님의 오프닝으로 열렸습니다. 현대적 구성으로 선보인 발레 공연을 라오 기쁜교회에서 지원한 차량과 한국 대사관의 귀빈석 예약으로 농학교 전교생이 관람했습니다. 태어나서 처음 본 발레 공연인데다 주인공들과의 기념사진 촬영으로

감동을 받은 농학생들 사이에서 한동안 발레 동작을 따라하는 수어가 유행하기도 했습니다.

또한 학교 이전 문제로 어수선했던 2018년 3월 26일, 임시 강당에서 전교생이 모여 공부하던 때 '청음보청기' 대표님은 농학생 모두에게 청력 검사를 하도록 한 후 고가(高價)의 보청기 8대를 기증해 주셨습니다. 잃었던 소리를 듣고 감격해하는 아이들의 큰 눈망울이 아직도 생생합니다.

2019년 9월부터는 매월 1회, 전교생과 교사들을 위해 점심식사 봉사를 시작했습니다. 지방에서 온 학생들이 많아 기숙제로 운영되다 보니 라오에서는 급식[19]을 하는 유일한 학교입니다. 문제는 예산. 대부분을 기업체나 관공서 후원으로 충당하는데, 2020년 1월 이후로는 코로나19 여파로 학교에 찾아와 섬긴 이들은 우리 부부가 유일했다고 하더군요. 이전한 농학교에 가장 필요하다는 빔 프로젝트는 물론, 부엌에서 숯을 지펴 요리를 직접 만들다 보니 필요한 게 눈에 보이더군요. 행주, 숟가락, 각종 칼, 프라이팬, 앞치마, 쌀국수 그릇, 수납장 등 사랑하면 보이기에 뭐든 도왔습니다. 아이들이 좋아할 만한 메뉴

---

19) 정부에서 농학생 1인당 지원하는 식비는 매달 20만 낍(약 25,400원)이다. 그러므로 대부분 기숙사 생활을 하는 학생들에게 한 끼 제공되는 식비는 약 2,200낍(약 280원)인 셈이다. 부실한 급식으로 이어질 수밖에 없는 현실이다. 여기에 교사들 역시 총 32명 중에서 10명은 급여를 못 받는 강제적 자원봉사자이다.

선정이 가장 힘들지만, 이 사역도 남에게 양보하고 싶지 않은 즐거움입니다.

작년부터 저희는 한국의 고마운 분들과 농학생 개인 간에 후원을 연결해 9명을 선정하고, 매달 3만 원의 장학금을 지원하고 있습니다. 가난한 지방 출신 농학생, 가족 중 농인이 더 많은 경우를 우선적으로 선발하며, 금전 출납을 관리하는 전담 교사가 있어 학생이 요청 시 지급하고 있습니다. 선발은 장기 근무한 농학교 교사들이 직접 하도록 했습니다.

한편, 9월 23일은 UN이 정한 '세계 수어의 날'로 라오 농인들도 기념행사를 합니다. 그런데 해외 원조가 끊겨 장애인협회 직원들이 월급도 받지 못하는 실정이라 행사를 포기한다는 소식을 듣고, 농인예배공동체와 우리 부부가 모든 예산을 지원하겠다고 했습니다. 2019년 9월 29일 농학교에서 농인 가족들과 함께 모여 단체 티셔츠를 나눠주고, 식사와 친교 프로그램을 진행했습니다. 해야 할 일을 했을 뿐인데 상장과 감사 박수까지 넘치도록 받았습니다. 이 일로 인해 라오 농인예배공동체의 대외적 위상도 높아지고, 교인들도 자랑스러운 소속감을 갖게 되는 계기가 되었습니다.

하지만 이렇게 정성 들여 지속적으로 교제를 나누는 이유가 농학생들이 졸업 후 라오 농인예배공동체의 일원이 되도록 하기 위함이

전부여서는 안 될 것입니다. 어떤 것도 계산하지 않고 그저 농인을
사랑하는 순수한 마음이 우선시되어야 할 것입니다.

⑩

반성문을 쓰다

저희는 2014년 11월부터 두 달에 한 번씩 한국의 후원자님들에게 편지를 써왔습니다. 그 일을 한 번도 미루거나 게을리한 적이 없습니다. 2018년 4월에는 라오 소식 외에 반성문을 함께 동봉했습니다. 진심으로 반성하며 원문을 그대로 공개하여 다시금 교훈으로 삼으려 합니다.

2018년 4월　울창한 숲도 한 알의 작은 밀알에서 시작됩니다!　LAOS 21호

중학교 이후 처음 써보는 반성문이라 낯설지만 향후 반복적인 실수를 피하기 위해서라도 스스로 꼭 짚고 넘어가는 이 과정이 필요하다 판단했습니다.

2014년 배낭 하나씩 메고 8개국을 돌다가 자리 잡은 라오에서 저희는 참

빠르게 자리 잡고 열심히 달려왔습니다. 재가(在家) 장애인을 위한 방문 사역을 통해 많은 경험들을 축적 중이며, 라오 현지 농인인 '분홈'을 필리핀에서 2년간 공부하게 한 후 개척한 '라오 농인예배공동체'도 순항 중입니다.

라오에서 가장 먼저 경험한 실패 사례는 시각장애학교 교사들로 구성된 시각장애인 밴드팀을 만들고, 한국에서 들었던 저희들의 보험 두 개를 깬 돈으로 악기와 음향 장비 2천만 원어치를 들여왔던 일입니다. 22년 동안 시각장애인 찬양팀 '좋은이웃'을 이끈 저이기에 이 사역은 정말 쉬운 일이었습니다. 그러나 시각장애학교가 다른 지방으로 이전하는 사건 때문에 힘 한번 써보지 못하고 접어야 했지요.

반면, 단 한 번도 생각하지 못했던 농인사역은 2년이라는 기다림의 시간 후, 때가 차서 무르익어 가는 중입니다. 이 일을 통해 라오에서는 기다림이 반이라는 사실, 즉 '하나님의 때와 일하심'을 묵묵히 견디며 기다려야 함에도 이를 자주 망각합니다. 600평의 땅 매입이나 자동차를 선물 받았을 때 이미 배웠음에도 말입니다.

장애인 문제의 핵심은 직업재활로 귀결되는 만큼 장애인에게 일자리는 더 큰 의미로 다가옵니다. 장애에 관해 모든 것이 전무한 라오에서는 더욱 중차대한 문제입니다. 복지의 사각지대인 집에만 머무는 장애인과 예배공동체에 나오는 농인들을 만나며 어떻게든 일자리를 만들어 주기 위해 최선을 다해 왔습니다. 더욱이 요즘은 농인들과 더 많은 시간을 보내며 머릿속은 온통 '장애인을 위한 일자리 창출'에 꽂혀 있습니다.

그래서 아내는 3개월 동안 농인 두 명과 케이크 기술을 배우기도 했고, 저는 스팀세차 사업을 위해 다방면으로 노력했습니다. 긴 고민과 현장 조사 끝에 내린 결론은 이렇습니다. 케이크는 판매되는 낮은 단가로 만들려면 결국 몸에 해로운 제품을 파는 나쁜 장사가 될 것 같고, 스팀세차 사업은 우후죽순 생겨나는 경쟁과 낮은 가격 때문에 고가의 기계를 구입하여 시작하기엔 무리수가 있다는 결론입니다.

여기에 덧붙여 더욱 중요한 쟁점이 있습니다. 그 일들의 성공 여부보다 더욱 중요한 것을 뒤늦게야 깨달았습니다. 시각장애 전공인 제가 농인사역을 하며 놓치고 있던 무지함입니다. 아무리 의미 있고 마땅한 목표일지라도 그 주인공이 비장애인이자 외국인인 저희가 되어서는 안 된다는 것입니다. 이 단순한 사실을 머리로는 아는데 실행하기가 참 어렵습니다. 저희가 그들에게 "이건 꼭 해야만 하는, 너희들을 위한 가치 있는 일이야!"라고 가르칠 때가 아닌, 그들 스스로 찾아와 "이런 일들을 하려는데 도와주세요!"라고 말할 때가 가장 이상적이고 바람직한 시점이란 사실을 깨달았습니다.

이런 사실도 깨닫지 못한 채 "왜 성급하게 한국의 지인들에게 도움을 청했느냐? 신뢰만 떨어뜨리는 일 아니냐?"라고 질타하시는 분이 계신다면 저희는 할 말 잃은 죄인입니다. 평소 저희는 어떤 일의 결과를 여러분께 보고하는 스타일의 사역이 아닌, 함께 만들어 가는 형태의 사역을 원하여 두 달에 한 번 띄우는 편지 외에도 늘 카카오톡으로 소통해왔습니다. 라오에서 처음 길을 내가며 걷기에 시행착오도 많았습니다. 하지만 실패를 감추고 좋은 결과물들만 내놓으며 칭찬을 받고 싶지는 않습니다. 앞으로도 마찬가지입니다.

2018년 6월 11일이면 '라오 농인예배공동체'가 만 1년이 됩니다. 이 시간적 의미는 독특한 농인문화 습득에 하나를 더해 외국인이라는 사실, 즉 이중고임에도 저희가 너무 섣불리 판단했음을 인정합니다. 이에 저희는 지켜오던 사역의 방향성과 개인적 다짐을 새로이 해봅니다.

* 재가(在家) 장애인 돌봄 사역
1) 장애인들의 119 역할
2) '라오 산타' – 주고 또 주다가 건넨 사실마저 기억하지 않기
3) 무명의 그리스도인으로 섬기기

* 라오 농인예배공동체
1) 라오 현지 농인의 리더십 중심
2) 직업재활의 중요성 강조
3) 다른 장애 영역 가족들과의 연대 구축

* 농인사역에 경험이 없는 저희는 적어도 예배공동체 만 3년이 되는

2020년 6월 11일까지는 농인 직업재활 측면의 어떠한 일도 저희가 먼저 서둘러 가르치지 않겠습니다. 하지만 결코 포기가 아닙니다. 때가 차기를 기다리며 경제적인 부분과 저희 스스로를 준비해 나가겠습니다. 먼저 후원해 주신 분들께 진심으로 용서를 구하며, 차후 마중물로 쓰이도록 은행에 잘 모아두겠습니다. 용서해 주세요!

명성교회 세습은 종교개혁 500주년 한국 기독교의 치욕이며,
현재 예장통합 총회의 침묵은 용서받지 못할 오점이며,
그리스도인들의 함구는 세상의 원성을 부르는 죄입니다.

저희는 명성교회의 후원은 단호히 사절합니다!!!

주　　　소 / Sikhaitong Village Sikotabong District Vientiane Capital LAO P.D.R
전　　　화 / 070-5025-4322 (인터넷 전화) +856 30-924-1715 (라오스 전화)
이 메 일 / kimyo0070@naver.com 카톡 아이디 / goodneighbor1
블 로 그 / http://blog.naver.com/kimyo0070 (서로 이웃신청)
후원계좌 / 800-36603-266-01 (시티은행: 조성희)

11

이럴 줄 몰랐다

라오에 와서 배운 것, 배워가는 것이 있습니다.

그 어떤 사소한 것도 저희 뜻과 계획대로 이루어지지 않는다는 사실.

끝없는 기다림과의 싸움, 즉 자신과의 전투입니다.

더욱이 배낭 하나 메고 온 우리, 불평과 원망은 절대 금물입니다.

손잡고 함께 걷는 장애이웃들이 늘어갈수록

그들과의 동행이 기쁨이 되어야 하며,

가장 소외된 이들의 눈물 속에서

아파하시는 그분을 만날 수 있어야 합니다.

농인들 앞에서는 더욱 편견을 버리고,

배우는 마음으로 임해야 합니다.

하나님께서 그들과의 동행을

특별히 기획하신 이유가 있기 때문입니다.

그래서 현지 농인사역자 '분홍'과 동역하는 매일이 감사입니다.

그녀가 이토록 모든 농인들을 아우르는 리더십으로 해낼 줄

전혀 몰랐습니다.

이제 저희는 그분이 원하시는 방향인지만 물으며

곁에서 굳건한 믿음으로 손잡아 주고 싶습니다.

결과에 관심을 두지 않는 그분이시기에

그럴듯한 명함 만들려는 헛된 노력은 하지 않겠습니다.

시간이 흘러 '분홍'이 가다 지치면

생수 한 모금 마시며 쉴 수 있는 큰 그늘이 되어주렵니다.

12

'팽'에게 팽당한 이야기

라오 국립대학교 수학교육학과를 졸업한 '팽'. 그녀는 특수교육을 공부하지는 않았지만 전공한 저 못지않게 장애를 가진 이들을 이해하고 사랑합니다. 그녀의 고향 '씨엥쿠왕'은 미군의 폭탄 공습을 가장 많이 받은 지역으로, 어려서부터 장애인들을 많이 보고 자라서인지 그들을 돕는 일을 하고 싶었다더군요.

세 살 많은 '분홈'과 월세방에서 같이 사는데, 살림에 야무진 '팽'이 수어를 배워가며 친언니처럼 돕고 지냅니다. 그녀가 저희와 일하며 자연스레 기독교를 접하게 되었고, 단 한 번도 강요하지 않았음에도 불구하고 예수님에 대해 알고 싶다고 먼저 고백해 왔습니다. 그런 그녀를 위해 농인교회 식사 준비를 우리 부부가 전담하기로 하고, 2019년 6월 16일부터 오전 10시에 지하 가정교회 예배, 오후 2시는 시내의 젊은이들이 모이는 예배에 보냈습니다.

　그 후 몇 달 되지 않아 점심을 먹고 나면 '팽'이 자연스레 성경을 읽기 시작하더니 이제는 귀찮을 정도로 궁금한 것들을 질문합니다. 그날도 성경을 읽던 때였습니다. 제가 푸념처럼 길게 불평을 늘어놓기 시작했습니다.

　"라오에 와서 너무 힘들다.

　음식도 맛없고 믿었던 '닏' 때문에 실망스럽고,

그렇게 아꼈던 농인 스태프 '쓰아'도 배신하고,
갈 만한 곳도 없어 따분하고 단조롭다."

'팽'은 읽고 있던 성경을 덮더니 부엌 쪽으로 걸어가며 혼잣말처
럼 한마디 툭 던졌습니다.

"김 선생님, 라오에 하나님이 보내셨잖아요."

불만을 토로하던 저는 망치로 한 대 맞은 듯 멍하니 입을 다물었습니다. 하나님이 당신을 이곳에 보내셨는데 무슨 말이 필요하냐는 그 한마디! 그 안에 모든 것이 다 들어 있었습니다. 나이가 많고, 경험이 충분하며, 오래 믿으면 뭐합니까? 이제 막 예수를 알기 시작한 '팽'보다 저는 훨씬 저급한 영성의 소유자였습니다.

2020년 2월 9일, 그녀가 세례를 받았다며 침례 받는 모습을 영상으로 보내왔습니다. 기쁜 날을 축하해주기 위해 저녁에 꽃바구니를 준비했다가 다음 날 아침에 출근한 그녀에게 농학교 식사 봉사를 떠나기 전 선물했습니다. 세례의 의미를 물으니 아주 잘 알고 있더군요. '팽'의 세례가 왜 이렇게 기쁘고 눈물 나는지 모를 일입니다. 나이가 들어가니 눈물이 늘어가는 거 맞지요?

5장

뿌리내림 이야기

신앙은

마취 없이 생살을 찢는 고통으로

하나님 앞에

자기의 무능과 유한성을 비추어 보는 일이다.

이 두렵고 떨리는 일을

할 수 있는 사람만이

구원의 문턱을 넘을 수 있다.

- 김선주《우리집 고양이는 예수를 믿지 않는다》중에서

1

학교 꼬맹이들의 눈망울

한국에서 단 한 번도 들어보지 못한 소리를 주변의 라오 사람들에게 자주 듣습니다. 저보고 '멋지다'는 표현인데요. 쌍꺼풀 없는 제 눈이 무척 매력적이라고 합니다. 라오 여성 대부분 눈이 크고 쌍꺼풀이 있어 예쁜데, 작고 째진 제 눈을 비하할 순 없으니 '멋있다'라고 에둘러서 하는 소리인 거죠. 그런데 제가 보기에 라오에서 가장 예쁜이들은 역시 꼬맹이들입니다. 소똥 가득한 운동장이지만 낡은 축구공을 따라 떼를 지어 달리는 아이들이 그렇게 예쁠 수가 없답니다. 까무잡잡한 피부에 초롱초롱한 큰 눈망울은 단숨에 카메라 렌즈를 멈추게 합니다.

우리는 장애인 가정들을 찾아다니며 우정을 쌓은 지 채 2년도 안된 시점에 초등학교 봉사활동을 원하는 한국팀들과 함께 7개 마을에서 사역을 진행했습니다. 물론 아이들의 눈망울이 너무나도 사랑스러워 시작한 일입니다.

그러던 2016년 9월 29일, 우리집으로 '딴텅' 초등학교 유치부의 '쩐' 선생이 찾아왔습니다. 우리 얘기를 어디서 들었는지 수차례 간곡히 도움을 청하던 그녀의 지칠 줄 모르는 열정에 저희는 두 손을 들었답니다. 결국 유치부 아이들 33명이 배우는 교실을 찾아가 보았더니 흡사 6.25전쟁 직후의 모습이었습니다. 지붕 곳곳의 구멍으로 비가 새고, 벽돌로 쌓은 벽은 오래되어 어긋나 있었으며, 교실 바닥과 복도가 기울어 비만 오면 물을 퍼내야 했습니다. 낡은 칠판도 마음에 걸리고, 낮에도 칙칙하고 어두운 교실은 전기 공사가 시급했습니다.

장애인 사역을 하는 저희에겐 능력 밖의 일이었지만 아이들 눈망울 때문에 보수 공사를 해주기로 약속해 버렸습니다. 그리고 2017년 1월부터 8월까지 조금씩, 천천히 공사를 진행했습니다. 어느 부부의 칠판과 책장 기증을 시작으로, 3개 교회와 친구, 가족 구성원으로 오신 분들 덕분에 천장, 벽면, 바닥, 복도, 전기, 페인트, 도안, 선풍기 설치까지 공사를 조금씩 마칠 수 있었습니다. 먼지 나는 그 울퉁불퉁한 길을 오토바이로 얼마나 오갔는지 셀 수도 없습니다.

이제는 가족 같은 사이가 된 교장 및 교사들과 인사를 나누고 시동을 걸려고 하면, 창밖으로 아이들이 고맙다며 연신 고사리손을 흔들어 댑니다. 많은 분들의 사랑과 섬김으로 함께 이룬 것이기에 우리가 받는 인사가 겸연쩍습니다. 녀석들 미소 하나면 충분한데 말입니다. 그분 또한 기뻐하시고 흐뭇해하실 거라 믿습니다.

그런데 자꾸만 낡은 옆 건물이 신경 쓰여 이듬해인 2018년 여름, 유치부실 옆에 뼈대만 있던 소강당 리모델링 공사까지 손을 댔습니다. 이번에도 3개 교회와 라오 농인예배공동체의 농인들까지 작업을 도왔습니다. 그리고 작년에 예산 절감 때문에 유치부 교실 바닥에 미장 공사 후 매트를 깐 것이 생각나 다시금 타일을 깔아주는 작업을 하고, 낡고 삐거덕거리는 책상과 의자도 새 것으로 전부 교체해 주었습니다. 이것은 2018년 11월 29일에 오신 ㈜YJ교육[20] 연수팀 열여섯 분의 특별한 개인 후원으로 이루어졌습니다. 그 이후 '딴텅' 초등학교 교장은 다른 학교에서도 참관을 하러 온다며 어깨에 힘을 준답니다. 거기에 오는 한국팀마다 특별 수업을 함께하며 선물을 나누어 주니 얼마나 좋아하는지 모릅니다. 점심도 해서 먹이고 특별 수업에 가족

---

20) 경기도 남양주시에서 유아, 유치원 특별활동 수업인 음악, 체육, 블록, 영어 수업에 전문 강사를 파견하는 회사로 유재선 대표는 가장 바람직한 기독사업체의 모범을 추구, 실현해가고 있다. 교사들이 진행한 마이/딴텅 유치부와 초등학교에서의 특별 수업은 이후 한국팀들의 교과서가 될 정도로 탁월한 전문성을 발휘해 주었다.

도 참석하는 등 거의 동네 잔치 수준이었습니다.

그 외에 5년째 집중적으로 사역하는 '마이'초등학교는 저희가 건축할 마을에 있는 학교랍니다. 교사들이 아이들을 자습시키고 대낮에 교무실에서 맥주 마시는 풍경을 라오에서 심심치 않게 보아왔지

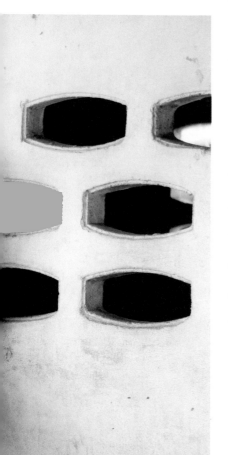

만, 이 학교는 교장의 인성과 아이들 사랑이 돋보여 더욱 애정을 가진답니다. 당뇨와 결핵으로 아픈 와중에도 수업을 이어가는 교장에게 얼마 전 한국에서 혈당 체크기를 사다 주었고, 매년 '스승의 날'에는 학교 공식행사에 초대되어 귀빈석에 앉는 호사를 누리고 있습니다. 그리고 각 학교에서 받은 상장이 너무 많아 액자로 보관하는 것도 어렵다는 너스레를 잠시 떨어봅니다.

지금은 건축 부지 반경 15km 안에 있는 '딴텅', '마이', '논싸왕' 초등학교 이 세 곳만 지속적으로 우정을 이어가며 관리하고 있습니다. 꼬맹이들 눈망울이 사랑스러워 부분 사역으로 시작한 일을 훗날 어떻게 가꾸어 가실지 궁금하지만, 학생들의 부모들은 우리 부부를 다 알고 있습니다. 아이들을 예뻐하는 든든한 후견인이라는 것을요.

2

빼곡한 질문지

우리 부부는 라오 정착 후 코로나19가 발생하기 전까지 한국의 단기선교팀과 31차례 동역을 했습니다. 그중에는 두 번 이상 온 팀들이 대부분입니다. 그들과 함께했던 모든 일정들이 소중하고 행복한 시간들이었습니다. 모두가 멀리서 우리를 믿고 와주시는데 어찌 한 팀 한 팀이 귀하고 감사하지 않겠습니까.

그래도 그중 가장 인상 깊은 팀을 굳이 뽑는다면 2019년 7월 29일부터 8월 1일까지 함께했던 군산 모(某) 교회입니다. 2018년에 21명의 인원이 오셔서 장애인 가정 두 곳의 부엌 신축 공사와 '딴텅'초등학교 소강당 리모델링 마무리를 모두 감당해주신 경험을 토대로 이듬해에는 22명이 더욱 알찬 프로그램으로 임해주셨습니다.

부임 2년차에 라오로 단기선교팀을 꾸려 처음 온 담임목사님은 본

진이 오기 전 짧게라도 장로님들과 답사를 옵니다. 그리고 라오를 경험하기 위한 문화체험의 일환으로 추천하는 방비엥이나 루앙프라방 여행 일정은 단호히 배제합니다. 오직 현지 사역을 위한 고생은 사서라도 한다는 각오로 오시는 것 같습니다.

그래서일까요. 라오 사역에 도움이 되는지에만 초점을 맞추고 협의하며, 결정된 후에는 무조건 순종합니다. 준비성이 철저하고 성격이 꼼꼼하셔서 예상되는 변수까지 대비토록 요구합니다. 수시로 한국의 준비 상황에 맞춰 빼곡한 질문지가 수차례 오고갑니다. 프로그램에 따른 예결산은 당연하고요.

드디어 7월 30, 31일 이틀 동안 오전과 오후, 각기 4개 조가 장애인 가정에 가서 인사를 나누고 선물을 전달한 후, 준비한 프로그램을 진행하고 같이 음식을 준비하여 식탁 공동체 모임을 가졌습니다. 가까이 사는 장애인 가정끼리 한데 모여, 모두 25개 가정이 참여해 진행되었습니다. 따로 배정되어 특별히 애써주신 제5조 보수팀 다섯 분은 30일 '뺨'네와 31일 '싸이싸먼'네 야외 화장실을 직접 공사해 주셨습니다.

우리는 서로 알찬 친교 프로그램을 위해 방문 가정에 대한 기본 정보를 나누고, 동네 이웃까지 초대하여 함께 식사하기 위한 준비 회의를 거듭했습니다. 산책, 잡초 제거, 시장 구경, 보드게임, 페인트칠,

목욕, 청소, 미용, 손톱 단장, 냉장고 채워주기, 각종 놀이 등 가정마다 상황에 맞게 준비한 순서도 좋았지만, 팀원들이 준비한 정성과 사랑 가득했던 장애인 가족별, 개별 선물은 진한 감동이었습니다.

그렇게 친목을 도모한 후, 8월 1일 장애를 가진 본인은 물론 가족들까지 모두 87명이 버스 두 대에 나뉘어 '남릉댐'으로 일일 나들이를 떠났습니다. 태어나 처음으로 집 밖에 나가는 이들도 있었습니다. 멀미를 하고 타이어가 펑크 나 고생했지만, 드넓은 호수 위에서 선상 식사와 함께 누가 먼저랄 것도 없이 노래하며 춤추던 모습에 지금도 감사의 전율이 흐릅니다.

버스와 배에 타고 내리는 것은 물론 가족별 기념촬영을 위해 선상 3층까지 오르내리던 일, 작은 섬에 배를 정박하고 가졌던 장애인들의 물놀이 시간 등 그 모든 일정을 위해 종일 장애를 가진 친구들을 안고 또 업었습니다. 사전에 더욱 신경 쓴 것은 버스가 출발, 해산하는 우리 마을 동사무소에 집결하는 문제였습니다. 동네별로 시간에 맞춰 뚝뚝이와 트럭을 대절하여 장애인 가정을 태워오고 태워가는 일은 매우 복잡했습니다. 다녀와서 장애인 가정에 고기와 해산물 구이를 저녁 식사로 섬겼는데, 지친 한국팀은 거의 먹지를 못하고 자정이 되어서야 한국행 비행기에 올랐습니다.

그날 찍은 가족사진을 액자에 담아 집집마다 선물했더니 장애인 가정에서는 아직도 사진을 보며 이야기꽃을 피웁니다. 그리고 언제 다시 가느냐고 묻고 또 묻습니다. 군산팀이 못 오면 우리라도 예산을 마련해 다시 소풍을 가야겠다는 거룩한 압박감을 느낍니다. 군산팀을 보내고 제가 아내에게 말했습니다.

"여보, 연속해서 세 팀을 치룬 것만 같은 이 느낌은 뭐지요?"

그렇습니다. 비싼 항공료를 감수하고 오는 선교 여정이라면 이 정도로 현지 코디네이터를 괴롭히는 것은 지혜로운 일입니다. 오시는 팀에 맞는 최고의 프로그램 준비로 현지 사역자가 귀찮고 바빠서 때로는 짜증날 만큼 움직이게 하셔야 합니다. 부디 지극히 정상적이며, 매우 바람직한 일을 게을리하지 마십시오.

끝으로, 장애인 가정의 부엌과 화장실 공사에 많은 땀을 흘려준 보수팀과 가장 무거운 '먹'을 안고 업으며 사랑해 준 김두홍 목사님의 진실함에 깊은 감사를 드립니다.

소소한 일상이 가장 큰 행복이다

매사에 경쟁하지 않고 천천히 움직여서 라오를 '시간이 멈춘 나라'라고 부르는 걸까요? 분노가 설 자리에 관용이 있고, 욕망 대신 절제가 있어서 '미소가 아름다운 나라'라고 말하는 걸까요? 스트레스, 과로사, 자살이 거의 없는 순박한 사람들과 때묻지 않은 자연 풍경이 아름다워 'Simply Beautiful'을 라오 관광초대 핵심문구로 정한 걸까요? 그래서일까요. 한 손으로는 숯불을 피워 밥을 하면서도 다른 손으로는 스마트폰으로 영상을 보는 한 세기의 문명이 공존하는 라오에 단 한 번만 오는 여행자는 없다고 합니다.

이 고요한 나라에서 저는 직원들 출근 전에 마당을 쓸고, 소중히 가꾸는 화분들에 물을 줍니다. 주인집에서 분양받아 키우는 '뭉치'의 사료도 챙깁니다. 주중의 오전, 오후 일과 대부분은 시간표대로 33곳의 장애인 가정을 방문하고, 건기에는 건축 부지에 심은 망고나무를 비롯한 꽃과 묘목에 물을 주러 갑니다. 수요일에는 농인들 집과 일터로 심방을 가고, 토요일은 장을 보며, 주일에는 농인들을 위한 식사를 요리하고는 한바탕 북적대는 행복을 누립니다. 일과 후에는 주 3회, 헬스클럽을 거르지 않습니다. 만나는 교민들이 거의 없어 딱히 한국에서 오시는 손님이 없으면 단조롭기 그지없습니다.

그런데 가꾸던 꽃봉오리가 활짝 피고 어느새 자라버린 강아지와의 살가운 장난이 좋습니다. 장애인 가정과의 싱거운 잡담이나 건축부지에서 떨어진 친환경 망고라도 몇 개 주워 먹는 날이면 더없이 환

한 미소를 짓습니다. 우리를 애타게 기다리는 농인들을 찾아가 함께 먹는 점심이나 장을 보고 아내와 들르는 단골 카페의 커피도 그 맛이 특별합니다. 주일에는 요리사 흉내를 내며 농인들과 나누는 포옹 인사가 더없이 즐겁고, 저녁마다 땀 흘리며 들어올리는 바벨도 행복합니다. 한국에서 손님이라도 오셔서 함께하게 되면 가장 특별한 일상이 되어 그 기쁨은 두 배가 됩니다.

코로나19로 인해 소소한 일상이야말로 더없이 큰 행복임을 이제는 누구나 알 것입니다. 사소한 주변 것들을 아름답게 보는 시선, 이것이야말로 라오가 우리 부부에게 준 황홀한 선물입니다.

4

10년 먼저 늙기 싫다

2016년 6월 14일, 땅 600평을 계약하고 2차에 걸쳐 땅값을 지불했음에도 1년 8개월 만에 토지대장을 받았습니다. 역시 라오답습니다. 이어 건축예정 부지의 지반이 낮아 트럭 40대 분의 흙을 채운 것이 2018년 3월. 그리고 4월에 담장 공사를 완료했는데, 동네 소들이 들어와 심어둔 나무들을 먹어치우는 바람에 부득불 2019년 1월에 대문 공사를 완료했습니다. 그런데 채운 흙들이 우기를 두 번 거치며 다져지고 유실되어 그해 9월에 다시 90대 분의 흙을 추가로 채웠습니다.

마치 격언처럼 굳어진 "집을 지으면 10년은 먼저 늙는다"는 말 아시죠? 제 얼굴이 동안이긴 하지만 굳이 자원하여 10년을 일찍 늙고 싶지는 않았습니다. 그러나 이미 3년치 마음고생을 한 것만 같습니다. 아직 건축은 시작도 안 했는데 말입니다. 시공보다 더 중요한 과정이 설계인데, 소개받은 라오 교민과 한국에 계신 분들께 총 5번을 의뢰했다가 여러 가지 이유로 모두 넘겨졌습니다. 이젠 마음을 비운 상태입니다. 그냥 저희가 그린 그림을 토대로 라오에서 설계하고, 우기가 끝나는 올해 10월쯤 첫 삽을 뜰 예정입니다.

라오에서는 원칙적으로 외국인의 땅 소유가 인정되지 않습니다. 그래서 '쩜쌩'의 이름을 빌렸고, 건물이 들어서면 법인화를 추진하려 합니다. 그녀의 남편 '데'는 건축회사에 다니는데 설계와 허가를 맡아줄 것입니다. 실제 건축은 담장 공사를 맡아 진행하다가 '팽'과 사랑에 빠져 혼담이 오가고 있는 베트남 친구에게 맡기려고 합니다. 모래, 자갈, 시멘트 등은 담합 때문인지 일정 가격 아래로 떨어지지 않는데다 모든 자재가 수입이기 때문에 많은 건축비가 예상됩니다. 현재 잔고는 28,572달러지만 앞서 걱정하는 성격이 아니라 크게 염려하지는 않습니다.

완공 후 즉, 라오 내에 최고 시설의 장애인교육센터가 1층에 들어서면 그동안 교류해 온 장애인 가정 중에서 특수교육 지원이 필요한 이들은 물론, 더 많은 장애아동 부모들이 아이들의 손을 잡고 찾아올 것입니다. 2층에는 공식 허가를 위해 장애인 사진을 전시할 갤러리와 라오 농인들의 예배 처소, 건물을 관리할 부부의 사택을 구상 중입니다. 1층 식당은 평상시에 카페로 운영하여 장애인들의 직업재활을 돕고 싶습니다. 나아가 수어를 사용하는 농인예배공동체 외에도 장애인과 그 가족들을 위한 '장애인 가족교회'를 새로 개척하는 것도 기도 중입니다.

이제 수도 비엔티안에 장애인 복지와 특수교육의 랜드 마크(land mark)가 될 센터가 들어설 날이 점차 무르익어 가고 있습니다. 그러면 장애문제의 공론화가 이루어져 인식이 개선되는 것은 물론 장애인 정책도 출발할 수 있을 것입니다. 그저 상상만으로도 즐겁고 행복한 일입니다. 더 중요한 것은 이것이 실현 가능하다는 믿음입니다.

5

라오 산타

성탄절이 공휴일이 아닌 이곳에서 '라오 산타'는 스스로 만든 별명입니다. 장애를 가진 그들 인생에 우리 부부는 선물 같은 길동무가 되어주고 싶었습니다. 그런데 '라오 산타'는 제 별명이 아니란 것을 깨달았습니다. 먼저 2019년 12월의 일정을 자세히 들여다보겠습니다.

1) 4일 - 대구 대동시온재활원 송년회 선물

한국에서부터 우정을 나눈 곳으로 직원 130명, 거주 장애인 280명인 큰 규모의 시설입니다. 2014년 6월부터 우리 부부에게 생활팀 교사 45명과 130명의 장애인들이 매주 헌금을 모아 후원해주고 있습니다. 그 귀한 사랑의 마음에 작게나마 감사드리기 위해 재활원 가족들에게 매년 개별적으로 과자봉지 선물박스를 인편에 보내고 있습니다. 올해는 송년회 때, 보내드린 라오 영상을 보며 선물을 나누었고, 몹시 즐거워하시는 생활팀 팀원들의 사진도 받아보았습니다.

2) 11일- '나삽-남끼얌' 시골 교회 주일학교 성탄 선물

이제는 주일에 시간을 낼 수 없기에 직접 가보지는 못하지만 '분홈'을 통해 마음을 전달하고 있습니다. 내년에는 토요일에 교회로 잠시 모이도록 연락하여 직접 나누렵니다.

3) 11일 - 시각장애인 교사 '쌩 수리냔' 딸 병원비 지원

많은 활동을 이어가지는 못했지만 'Blind Lao' 시각장애인 밴드의 리더였던 '수리냔' 선생이 찾아와 루앙프라방에 있는 아픈 딸 이야기를 하더군요. 흔쾌히 두툼한 봉투와 함께 딸이 입을 만한 옷가지를 챙겨주었습니다.

4) 13일 - 농학교 교사들 성탄 회식

초대는 했지만 막상 교사들이 많이 오지 않을까봐 걱정했는데 저의 기우였습니다. 동네 맛집 무료 초대를 누가 마다하리요. 모두에게 준비한 티셔츠 성탄 선물을 나누어주고 "한 해 동안 우리 농학생들

을 사랑으로 가르쳐 주어서 고맙고, 고생하셨습니다. 내년에도 우리
가 열정적으로 섬길 터이니 더욱 애써 주세요. 우리는 모두 한 가족
입니다!"라는 인사까진 좋았는데 양껏 먹으라 했더니 정말 많이 먹
었다는 후문입니다.

5) 18일 - 농학교 학생들 점심 & 장학금 전달 및 성탄 선물

5일 연휴를 받아서 온 간호사인 막내딸과 같이 온 남자친구 덕분
에 산타 복장이 그의 몫이 되어 얼마나 감사했는지 모릅니다. 날이
더운데 아이들이 껴안고 매달려 아마 말도 못하고 많이 힘들었을 겁
니다. 더욱이 먼 곳에서 유치원 사역을 하는 박성천 목사님 부부는
농학생들 모두에게 산타 모자에 선물을 담아 전해주셨습니다. 아이
들이 얼마나 행복해했는지 모릅니다. 이런 즐거움은 꼭 현장에서 직
접 느껴봐야 압니다.

6) 22일 - '쏜파오' 장애인공동체 성탄 회식

집에서 걸어 5분 거리에 장애인 자립 작업장 겸 생활공동체가 있
습니다. 척추장애를 가진 라오인 여성원장의 뜻과 방침이 바르고, 어
려운 가운데 열심히 생활하는 장애인들이 좋아서 자주 가고 있습니
다. 한국팀이 오면 꼭 들러 그들이 만든 수공예품을 구입해주고, 쌀

가마니도 선물하도록 부탁합니다. 회식 기회가 거의 없는 그들과도 성탄의 기쁨을 나누었는데, 식성이 예사롭지 않았습니다. 라오 현지 장애인 사역단체와의 어깨동무는 우리가 추구하는 바람직한 방향성입니다.

7) 22일 - 라오 농인예배공동체 성탄 특식

농인 72명이 매년 그렇듯 빨간색으로 옷을 맞춰 입고 모였습니다. 한국에서 보내주신 티셔츠를 선물하고, 유부초밥, 연어장, 월남쌈, 샐러드, 랍[21], 샌드위치, 과일 화채, 쿠키, 음료수를 뷔페식으로 차렸습니다. 2부 순서로 선물교환 행사 중간에 아이들 11명을 불러내 특별한 선물을 전하고 축복해 주었습니다. 누구나 그렇듯 우리 농인들에게 즐거운 성탄이 되도록 정성을 다한 식사가 너무 과하다고 나무라진 마십시오.

8) 23, 24일 - 장애인 33가정 성탄 선물 배송

장애인 가정의 선물을 정하고 포장하는 것보다 산타 복장을 입고

---

21) 돼지고기를 잘게 다져 고추, 마늘, 허브, 향신료에 우리나라의 젓갈 같은 '빠덱'을 넣는 것으로, 2천 년 넘게 이어져 온 라오의 대표적인 잔치음식이다. 토종에 방목하여 기른 라오의 돼지고기는 먹을 만한 것이 없는 이곳에서 진한 위로를 주는 맛있는 식재료이다.

배송하는 여정이 제일 힘듭니다. 다 돌고 나서 녹초가 된 저는 내년부터 반팔과 반바지 차림의 특별 산타 복장을 새로 만들겠다고 다짐했습니다. 스태프들과 일일이 손으로 쓴 카드가 더 귀한 건데, 그들이 이런 마음을 알지 모르겠습니다.

9) 24일 - 스태프들 성탄 보너스 지급

월급 주는 직원이라는 인식과 라오 땅, 주님 안에서 만난 특별한 가족이라는 생각의 출발점은 상당히 다른 결과를 가져옵니다. 그들이 사장으로 대할지, 부모로 대하듯 할지, 그 모든 것은 저희하기 나름입니다. 아침을 맞으며 스태프들과 불편하다면 서로가 불행한 일입니다. 그래서 매년 월급을 올려주고, 새해와 성탄 그리고 한국팀이 와서 수고하면 보너스를 건넵니다. 이들에게는 외국인 회사인 셈인데, 그 외에도 점심을 같이 해먹거나 주유비와 각종 선물 등 줄 수 있는 건 뭐든 주려고 합니다. 왜냐하면 우리의 사랑이 스태프들에게 풍성하게 건네져야 장애인 가정과 농인들에게도 넉넉히 전달되기 때문입니다.

이 기적 같은 12월 '라오 산타'의 일정을 꿈꾸고 계획하며 손을 모았던 11월, 즉각적으로 도움을 주신 분들이 계셨습니다. 한국에서 유명 브랜드 티셔츠 780장을 어렵게 구해서 보내주신 손용수 님과 성탄을 위한 특별 후원금을 보내주신 김미영 님입니다. 그리고 일정을 다 소화한 후에야 알았습니다. 제가 아니라 이 기적 같은 은혜의 삶을 동역하며 돕는 그분들의 손길이야말로 진정한 '라오 산타'라는 것을요.

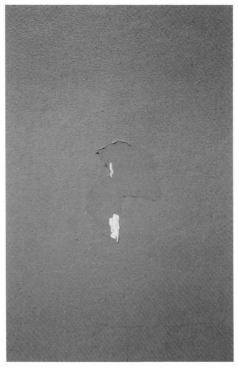

〈Orange & Olive〉

6

묘비 준비

건축 부지에 세워질 조형물보다는 한쪽에 마련할 저희 묘비에 더 애정을 쏟을 생각입니다. 화단 안에는 라오 지도 모양의 초소형 연못이나 그게 어렵다면 잔디로라도 지도를 그리고 그 옆에 기념할 묘비를 미리 제작해 준비할 생각입니다. 태어난 날은 아니까 부르신 날만 그때 가서 새기면 되도록 말입니다. 물론 화장을 할 테니 그 가루는 망고나무 밑이든, 매콩강 바람에 날리든 중요치 않습니다. 매일 그 묘비를 바라보며 오늘을 열심히 살고 잘 죽기를 기도할 것입니다.

따스한 가슴으로, **본질**을 **추구**하며

라오 땅 장애인을 사랑하다 한 알의 밀알이 된

무명의 그리스도인,

사랑하는 아내와 잠들다.

저는 장례[22] 예배 때 보여주기 위해 라오에서 찍은 사진 중 매달 한 장씩을 추려 컴퓨터 안에 차곡차곡 모아가고 있습니다. 세 자녀들은 물론 부부가 서로에게 미리 편지도 써두렵니다. 그리고 살아낸 한 해의 마지막 날이 되면 읽고 난 후 조금씩 수정해 나갈 것입니다. 당연히 장례 순서도 미리 정해서 맡을 이들에게 귀띔도 해주려고 합니다.

유한한 인생! 죽음을 기억하며 묘비를 준비하고 매일 그것을 바라보며 하루를 살아가려는 사람은 더 가지고 누리려 남의 것을 탐하는 삶을 살 확률이 좀 더 적어지지 않을까 싶어서요.

---

22) 이승의 번민과 고통에서 벗어나 좋은 곳으로 갔으리라 믿는 라오에서는 초상집을 '좋은 집'이라는 뜻의 '흐 안디'라고 표현합니다. 그런데 제가 본 라오인들은 인생의 본질을 간파하여 깊은 통찰력을 가지거나 철학적인 사고의 사람들 같아 보이진 않았습니다. 놀라운 것은 그리도 즐기는 술을 장례식장에서만큼은 아무도 먹지 않는다는 사실입니다.

7

쓴소리

외국에 살면 다들 애국자가 된다더니 요즘은 한국 뉴스를 더 챙겨 보게 됩니다. 문득 '새 하늘 새 땅 증거장막 성전 예수교 선교회'로 등록된 신천지에 관한 박원순 서울시장의 코로나19 정례 브리핑을 보다가 이런 생각을 해보았습니다.

"(상략) 감염병의 전국적 확산 국면에도 타인과 이웃의 **생명과 건강, 안전**은 아랑곳하지 않고 **신천지**의 보호와 교세 확장만이 지상 과제인 파렴치하고 반사회적인 종교단체라는 것을 확인했습니다. (중략) 이에 **서울시**는 해당 법인의 설립을 2020년 3월 26일부로 취소합니다. (중략) 무엇보다 종교 행위의 자유는 국민의 생명권 위에 있지 않다는 원칙과 상식을 분명히 하는 일입니다."

이 문장에서 생명, 건강, 안전 다음에 인권, 희망, 평등, 정의, 민주, 자유 등을 추가하고, 신천지에 지금 섬기는 교회를 대입하신 후, 서울시 자리에 【하나님 나라】를 넣어 보십시오.

그리고 나니 자연스레 화를 동반한 생각들이 꾸역꾸역 이어집니다. 권모술수(權謀術數)로 명성교회, 아니 이제 김삼환 왕국은 그 아들에게 넘어가고, 담임목사직도 십자가라는 뻔뻔한 궤변은 예장통합 교단의 교회 헌법도 궤멸시켰습니다. 그리고 족히 30년은 막대한 헌금 전액을 사회적 순기능을 위해 다 쏟는다 해도 어림없을 만큼 반기독교적이며, 공교회를 해치는 행태로 사회에서 교회를 기피와 지탄의 대상으로 전락시켰습니다. 2017년 11월 14일에 방송된 JTBC 뉴스룸의 앵커 브리핑[23] 마지막 문장이 아직도 귓전에 맴돕니다. "교회는 한국으로 와서는 대기업이 되었다"는 문장 말입니다.

여기에 한술 더 떠 막말과 신성 모독을 일삼는 연예인병 전광훈 씨. 현직 대통령에게 기본적인 예의를 좀 갖추길 바라는 기대도 어리석은 일이지만, 그가 흔들어 대는 태극기의 모독에 더해 현장 예배를

---

23) 미국 상원의 채플목사였던 리처드 핼버슨 목사는 이렇게 말했다. "교회는 그리스로 이동해 철학이 되었고, 로마로 옮겨가서는 제도가 되었다. 그다음에 유럽으로 가서는 문화가 되었다. 마침내 미국에 왔을 때 교회는 기업이 되었다." 그리고 대형 교회의 세습을 비판한 영화 〈쿼바디스〉의 김재환 감독은 이렇게 덧붙였다. "교회는 한국으로 와서는 대기업이 되었다."

강행하며 '아멘과 할렐루야'를 모독하는 사랑제일교회 등에 모이는 사람들은 다음의 인용 부분을 꼭 되새겨 읽어보았으면 합니다. 눈이 있어 읽는다 해도 깨닫지 못하겠지만 말입니다.

"타인의 고통에 공감하지 못하는 사람이 밤새워 찬송하고 뜨겁게 기도하는 것으로 구원에 이를 수 있는가? 십자가는 타자의 고통을 짊어진 하나님의 형상, 그대 안에 이 형상이 있는가?"[24]

30년 전부터 신학교육 현장과 교회 일선에서는 다음 세대를 위한 교육에 투자해야 한다는 자성의 목소리가 높았습니다. 하지만 결국 돈 되는 기성세대에게만 몰두했던 결과가 지금 여실히 드러나고 있습니다. 아마도 20년쯤 뒤에는 우리가 조롱과 멸시의 주인공이 될지도 모를 일입니다. 코로나19 이후 이미 확연하게 가속화되고 있기 때문입니다. 많은 이들이 이렇게 말할지도 모릅니다.

"너 아직도 교회 다녀?"

---

24) 김선주, 《우리집 고양이는 예수를 믿지 않는대》 93쪽, 이야기books, 2019

8

진짜 쓴소리 - 선교사 하지 마라!

　주변에서는 신분 증명이나 울타리가 되어줄 교회, 혹은 선교단체
가 꼭 있어야 한다고 했습니다. 하지만 저희는 파송교회도 없이 배낭
을 꾸렸습니다. 무식하면 용감하다는데, 한 번도 떠날 생각 없던 우
리는 그저 '선교적 삶을 살자'는 각오와 장애인들을 만나 사랑을 나
눌 생각뿐이었습니다. 선교단체에서 훈련하며 선교지의 선후배들과
함께 전략을 모색하고 협력하는 것도 좋겠지만, 저희가 걷는 발걸음
은 처음 길을 내며 걷는 '자비량 장애인 사역'이었기에 부럽지 않았
습니다.

　한번은 어느 신혼부부가 라오에서 장애인 사역을 하겠다는 반가
운 소식을 전해와 격려차 몇 번 만난 적이 있습니다. 하지만 속한 단
체의 규정을 들며 장애인들에게 나아가지 못하는 그들 부부의 의지

박약에 실망해 "어디 가서 장애인 사역한다고 하지 마라!"고 말한 후,
제가 먼저 연락을 끊었습니다.

이처럼 막상 해외에서 살아보니 어릴 적부터 '고정관념'이란 껍질
속에 있던 '선교사의 삶'을 사는 이들을 어디서나 쉽게 만날 수 있는
것이 아니더군요. 2017년 7월 15일, 그렇게 좋아하던 야구를 직접 할
수 있어 라오 생활이 너무 행복했던 저는, 얼마 후 울분을 삼키며 야
구를 접었습니다. 블로그 기록에서도 자세한 이야기는 일부러 피했
지만 여전히 기억합니다. 이만수 감독의 헌신으로 야구 불모지에서
싹을 틔우던 일을 돕고 있던 선교사 때문이었습니다.

그곳에서 저는 운동장까지 달고 나오는 '목사' 계급장과 '내가 만
든 리그'라는 출발점에서 시작된 천박한 인식 수준, 그릇된 자기 행동
에 대한 반성과 회개를 기도하러 다녀왔다며 셀프 용서를 하는 영화
〈밀양〉의 한 장면을 경험했습니다. 자신과 하나님 사이의 수직적 평
화면 충분하고, 수평적 화평을 이루어야 할 이웃은 하찮게 여기는 빗
나간 믿음의 전형을 보았습니다. 저는 선교사들로 구성된 상대팀과
야구경기를 하며 더 확실히 느꼈습니다. 그 팀에도 여느 팀과 같이 목
이 곧은 교만하고, 이기적 성향의 사람들이 제법 있더군요.

그들을 비난해 제가 상대적으로 더 나은 인간이라고 포장하려는 것
이 아닙니다. 누구라도 언제든지 스스로를, 서로를, 공동체를 위해 냉

엄한 인식의 기반 위에 소명을 점검해야 합니다. 부르심의 감격이 넘치는 확고한 소명, 해외선교의 사명감이 선명하여 열정이 차고 넘칠수록, 자신의 행동이 다른 이에게 비상식적인 욕심들로 비쳐지지 않기를 조심스레 희망합니다. 믿음은 결코 홀로 존재하지 않으며, 드러나는 행동으로 증명해야 하기에. 누군가는 직접 대면하며 '그렇게 할 거면 제발 선교사 하지 마라'고 말하고 싶을지도 모를 일이니까요.

끝으로, 한국에서 언젠가 선교를 희망하는 이들과 이야기를 나눌 기회가 올지도 모른다는 생각에 초안을 만든 적이 있습니다. 책을 덮는 마지막 부분에서 부끄럽지만 이를 나누며, 무모한 부부의 1기 '라오행전'을 덮고자 합니다.

참, 강의 안에는 담지 못했지만 사역 시 임해야 할 기본 품세는 바로 이것입니다.

"작은 일도 무시하지 않고 최선을 다해야 한다. 작은 일에도 최선을 다하면 정성스럽게 된다. 정성스럽게 되면 겉에 배어 나오고, 겉에 배어 나오면 겉으로 드러나고, 겉으로 드러나면 이내 밝아지고, 밝아지면 남을 감동시키고, 남을 감동시키면 이내 변하게 되고, 변하면 생육된다. 그러니 오직 세상에서 지극히 정성을 다하는 사람만이 나와 세상을 변하게 할 수 있는 것이다."

- 영화 〈역린〉에 나오는 《중용》 23장 인용 명대사

지극히 작은 것에 충성된 자는 큰 것에도 충성되고

지극히 작은 것에 불의한 자는 큰 것에도 불의하니라. (눅 16:10)

해외선교를 희망하는 이들을 위한 강의 초안

1) 왜 하나님을 믿고 떠나지 않나요?
 - 하나님을 믿습니까? : 파송교회와 선교단체, 후원자, 인맥, 경력을 더 신뢰
 - 어떤 하나님을 믿습니까? : 자기애(自己愛) 안에 갇혀 빚어낸 하나님
 - 부디, 믿음을 가지세요! : 믿으라며 설교하지만 정작 자신은 믿지 않는 모순

2) 밥값은 하십니까?
 - 사역의 포장지는 그럴 듯합니다.
 - 왜 그렇게 불성실합니까? 작은 일에 정성을 다합시다!
 1. 두 달에 한번 쓰는 선교편지를 한 번도 밀린 적이 없으신가요?
 2. 매일의 삶을 기록하며 다음 사역자를 위해 준비해주고 계신가요?
 3. 누군가 불시에 모든 계좌 기록을 감사해도 받을 준비 되어 있으신가요?
 4. 목회자 이전에 혹시 자신이 비상식적인 사람은 아닌가요?

3) 선교사, 하지 맙시다!
 - 밥그릇 위해서라면 현지 '가이드'를 합시다. 그러나 꼭 해야만 한다면,

1. '따스한 가슴'을 가집시다.
 : 사역의 동력 - 체휼, 예수의 마음
2. '본질 추구'합시다
 : 사역의 목표 - 내가 죽을 십자가
3. '무명의 그리스도인'이 목표여야 합니다.
 : 사역의 중심 - 유명을 거부하며 매일의 자아성찰과 주님과의 동행의 기쁨,
 그 단 하루의 삶을 위해서 자신을 던질 수 있어야 합니다.

❁ 나오며

누군가에게 칭찬받고자 시작한 일은 정녕 아니었습니다. 사실 아내와 자녀들에게도 그다지 존경받지 못합니다. 허물과 실수투성이의 지난 과거를 거쳐 여전히 하나님 나라와 간극이 있는 부족한 현재를 살고 있습니다. 게다가 발을 디디고 있는 라오 땅은 머릿속 계획마저도 때로 무거운 짐이 되는 곳으로, '미래'란 녀석을 늘 경계해야 하기에 당면 과제인 건축도 매우 조심스럽습니다.

그러나 어릴 적 꿈을 따라 야자수 있는 곳에서 장애를 가진 이들과 함께 웃고 우는, 저다운 모습으로 지금을 살아가기에 더없이 행복합니다. 거기에 심하게 높은 파도의 출렁임 속에서 '격랑기'를 맞아 요동치는 가난한 사회주의 국가, 라오에 있어서 더욱 감사합니다. 먼 훗날 대단한 결과물을 내지는 못해도 라오 땅 한 켠에서 장애를 가진 이들에게 그늘이 되어줄 수 있었음에 감격하며, 더 많이 가지려 애쓰지 않고 '낮은 곳, 좁은 문'에 시선과 발길을 멈추겠습니다.

끝으로, 낯선 이방인 부부를 가족으로 받아준 라오의 장애인 가정들과 때로는 친구로, 형과 오빠로, 선생으로 품어준 라오의 농인 가족들과 항상 기도와 사랑으로 손을 모아주신 자랑스러운 대한민국의 '무명 그리스도인들'에게 깊은 존경을 담아 감사 인사를 드립니다. 무엇인가 주고 가르치려 이 땅에 온 것이 아님을 깨닫기에 저를 훈련시키고 받아준 두 번째 조국 라오에도 감사합니다. 그리고 제 삶의 이유가 되시는 장애 해방자 예수님께 가장 고맙습니다.

부디 이 작은 책을 통해 읽는데 그치지 아니하고, 무엇인가를 느끼고 깨닫게 되길 기대합니다. 더 나아가 행함으로써 '익숙한 두려움'이 새로운 출발의 첫 시작 버튼이 되었으면 합니다.

❀ 완전히 나오며

글을 쓴다는 것은 고단한 작업이자 상당한 고통을 감내해야 하는 지난한 과정입니다. 과거의 자신과 마주한 기억들, 때로는 잊었다고 여겼던 과오들을 들추어 괴롭히기도 하지만, 글을 쓰는 한 우리는 살아 있습니다. 또한 순간순간마다 생동하는 자신을 느끼기도 합니다. 다행히도 배낭여행 시절의 일기와 초기부터 시작한 블로그, 두 달에 한 번씩 한국에 띄운 편지들이 많은 도움이 되었습니다. 거기에 코로나19 확산 방지를 위해 3월 30일부터 5월 3일까지 지방간 이동 금지와 외출 자제로 집에만 있어야 했던 것이 감사였습니다.

그런데 읽다 보니 여전히 제 가슴에 응어리진 분노의 파편들이 보이더군요. 지금도 라오에서 저를 만지고 다듬어가는 과정이지만, 성숙하고 부드러우면서도 가슴을 울리는 글을 쓰는 데는 시간이 더 필요할 듯합니다. 그래서라도 삶의 이모작을 시작한 라오에서 6년차 1기 사역을 마치는 올 연말에는 잠시 호흡을 고르며 저희의 들숨과

날숨이 그분을 찬양하는 삶을 살고 있는지 점검하려 합니다.

그리고 한 가지 중요한 양해를 구합니다. 하나님께서는 저희에게 장애인 사역을 한다는 이유만으로 늘 엄청난 특혜를 주셨습니다. 끊임없이 이어지는 고마운 분들의 손길이 그것입니다. 그분들은 책에 이름을 적고 감사 인사를 드리는 것이 오히려 누가 될 정도로 '무명 그리스도인'의 삶을 지향하는 가슴 따스한 분들이십니다. 그래서 따로 이름을 밝혀 인사를 전하는 대신, 저희 가슴과 기도에 담으려고 합니다.

그분들로 인해 이 길이 홀로 깃발 들고 달려가는 외로운 길이 아니기에 행복합니다. 그리고 정말 고맙고 사랑합니다.

- 라오도 코로나19 외출자제령으로
집에만 머문 4월, 결국 해내었다.

완전히 나오며

〈돌아온 탕자〉

이 길을 함께 걷는 당신으로

매일 봄을 맞이할 수 있음에,

해맑은 미소와

그대의 포근한 마음에

라오의 장애를 가진 이들이

그러나

정작 내가 가장 행복함을 고백합니다.

당신은 내가 끊임없이 존경할 나의 목사님이며

당신은 내가 아낌없이 사랑할 나의 아내입니다.

세상에서 가장 아름다운 이별이 오는 그 순간까지.

익숙한 두려움

초판1쇄 인쇄 | 2020년 6월 15일
초판1쇄 발행 | 2020년 6월 20일

지은이 | 김 요
펴낸이 | 김진성
펴낸곳 | 벗나래

편 집 | 김선우, 허강
표지디자인 | 최 화
디자인 | 이은하
관 리 | 정보해

출판등록 | 2012년 4월 23일 제2016-000007호
주   소 | 경기도 수원시 장안구 팔달로237번길 37, 303(영화동)
대표전화 | 02) 323-4421
팩   스 | 02) 323-7753
전자우편 | kjs9653@hotmail.com

값 15,000원   .
ISBN 978-89-97763-33-7(03230)

『익숙한 두려움』을

구입해 주신 독자들을 위해

무료 4인 가족 라오스 공항
픽업 & 숙박권을 드립니다.

카톡 아이디 'goodneighbor1'로

일정 상담 부탁드립니다.

무료 공항 픽업 & 숙박권

Laos · Simply
Beautiful

〈도서 구매 이벤트 쿠폰〉